Bayerisch KOCHEN

ECHT GUAD
Für
Freunde
& HAUSGMACHT

MAGENTRATZERL, DEFTIGE & SIASSE GAUMENSCHMANKERL VON DER HAUSWIRTSCHAFTEREI©

Liebe Freunde der bayerischen Küche,

gibt's etwas Schöneres, als sich mit der Familie oder seinen Freunden zu einem Essen zu treffen? Mit unseren Rezeptideen könnt Ihr Eure Gäste kulinarisch verwöhnen. Noch mehr Spaß macht es natürlich, wenn gemeinsam zuerst geschnippelt, gerührt, gekocht oder gebraten wird.

Wir haben tolle Anregungen für eine gesellige Runde zusammengestellt. Viele unserer Ideen sind auch ideal zum Vorbereiten, so steht einem entspannten Abend, selbst wenn die Erbtante kommt, nichts mehr im Wege ;)

Von feinen Gaumenkitzlern wie Fischtratzerl oder Romadur-Tatar geht es über zu raffinierten Hauptgerichten – Allgäuer Cordon bleu oder Weißwurst-Kartoffelauflauf machen gleich Lust zum Nachkochen. Den krönenden Abschluss eines Menüs bietet das Kapitel „Siaße Schmankerl" mit einem feinen Weißbier-Tiramisu oder fränkischen Pfannkuchen. Unter „Mitbringsl" finden sich außerdem noch kleine Bienensticherl oder Brezn-Muffins – Hingucker-Rezepte für die nächste Einladung.

„Die Hauswirtschafterei" sind drei koch- und backbegeisterte Frauen vom Land. Von uns sind schon einige Bücher in verschiedenen Verlagen erschienen.

Wir wünschen Euch viel Spaß beim Nachkochen und wunderbare Genussabende im Kreise Eurer Lieben.

Bettina, Christine und Silvia
„Die Hauswirtschafterei"

www.diehauswirtschafterei.de

Alle Rezepte

DIE HAUS
WIRTSCHAFTEREI

auf einen Blick

A MAGEN-
TRATZERL
~Vorspeis~

BAUERN *Aufstrich*

ZUTATEN

250 g Topfen (20 %)

125 g Butter

50 g Sauerrahm

2–3 Frühlingszwiebeln

1 kleine Essiggurke

1 EL Kapern

1 EL gehackte Kräuter

1 TL Kräutersenf

Salz, Pfeffer, Paprikapulver

Den Topfen gut abtropfen lassen. Butter, Topfen und Sauerrahm schaumig rühren.

Frühlingszwiebeln putzen, waschen und sehr fein schneiden. Essiggurke und Kapern fein hacken.

Alles mit den Kräutern und dem Senf zum Topfen geben. Pikant würzen und mit Paprikapulver bestreuen.

Tipp: Topfen ist der bayerische Ausdruck für Quark.

BIER *Aufstrich*

ZUTATEN

100 g roher Schinken

2 EL Butter

2 EL Sauerrahm

2 EL dunkles Bier

2 EL gehackter Rucola

Salz, Pfeffer, Chiliflocken

Den Schinken in sehr kleine Würfel schneiden. Butter, Sauerrahm und Bier verrühren. Die Schinkenwürfel und den Rucola dazugeben und pikant würzen.

Tipp: 2 Esslöffel geriebenen Bergkäse in die Masse geben und auf Brotscheiben kurz überbacken.

SPARGEL *Aufstrich*

ZUTATEN

100 g grüner Spargel

1 EL Butter

Salz, Pfeffer

200 g Frischkäse

50 g geriebener Bergkäse

2 EL Kräuter

Den Spargel waschen und in feine Stücke schneiden. In der heißen Butter *ca. 5 Min.* anbraten, würzen und abkühlen lassen.

Den Frischkäse mit dem Bergkäse und den Kräutern verrühren. Den Spargel unterheben und abschmecken.

Feine SPARGEL-RÖLLCHEN

ZUTATEN

4 Pfannkuchen

4 Stangen grüner Spargel

4 Stangen weißer Spargel

Salz, Zucker

4 Scheiben gekochter Schinken

200 g Frischkäse

Kräutersalz, Pfeffer

1 EL Schnittlauch

Die Pfannkuchen zubereiten und abkühlen lassen.

Den grünen Spargel waschen und putzen, den weißen Spargel schälen und putzen. Knapp mit Wasser bedeckt, mit etwas Salz und Zucker gewürzt, bissfest garen. Abtropfen lassen.

Die Pfannkuchen mit je einer Scheibe Schinken belegen. Den Frischkäse pikant würzen und den Schnittlauch unterrühren. Auf den Schinkenscheiben verstreichen. Je eine grüne und eine weiße Spargelstange darauflegen und die Pfannkuchen aufrollen. *1 Std.* kühl stellen.

Zum Servieren in Scheiben schneiden.

A einfaches Pfannkuchenrezept:

130 g Mehl, Salz, 1–2 Eier, ca. 180 ml Milch, Butterschmalz zum Ausbacken

In einer Schüssel Mehl, Salz, Eier und Milch verrühren.

Das Butterschmalz erhitzen. Mit einem Schöpflöffel etwas Teig in die Pfanne gießen und goldbraun backen. Den Pfannkuchen wenden und die andere Seite ebenfalls goldbraun backen.

Den Pfannkuchen aus der Pfanne nehmen und fortfahren, bis der Teig aufgebraucht ist.

FISCHTRATZERL
vom Räucherfisch

ZUTATEN

125 g geräuchertes Forellenfilet

2 EL Kräuter

1 TL Meerrettich

Salz, Pfeffer

150 g Frischkäse

ZUM ANRICHTEN

½ Gurke

2 gekochte Kartoffeln

Das Fischfilet grob zerkleinern. Mit den Kräutern, Meerrettich und Gewürzen zum Frischkäse geben und pürieren. *1 Std.* kühl stellen.

Die Gurke waschen, die Kartoffeln schälen und beides in Scheiben schneiden. Die Kartoffelscheiben leicht salzen.

Die Fischcreme in einen Spritzbeutel mit Sterntülle geben und auf die Gemüsescheiben spritzen.

Mit Kräutern garnieren.

FISCH-Tatar

ZUTATEN

125 g geräuchertes Forellenfilet

2 Frühlingszwiebeln

2 Essiggurken

200 g Schmand

1 TL Meerrettich

Salz, Pfeffer

ZUM ANRICHTEN

Salatblätter

Kresse, Schnittlauch

Das Fischfilet fein würfeln. Die Frühlingszwiebeln putzen, waschen und mit der Essiggurke ebenfalls in kleine Würfel schneiden.

Schmand und Meerrettich miteinander verrühren und pikant würzen. Fisch, Frühlingszwiebeln und Essiggurken vorsichtig unterheben. *1 Std.* kühl stellen.

Die Salatblätter waschen und trocken tupfen. Mit einem Löffel aus dem Fisch-Tatar Nocken formen und auf die Salatblätter setzen. Mit Kresse und Schnittlauch bestreut servieren.

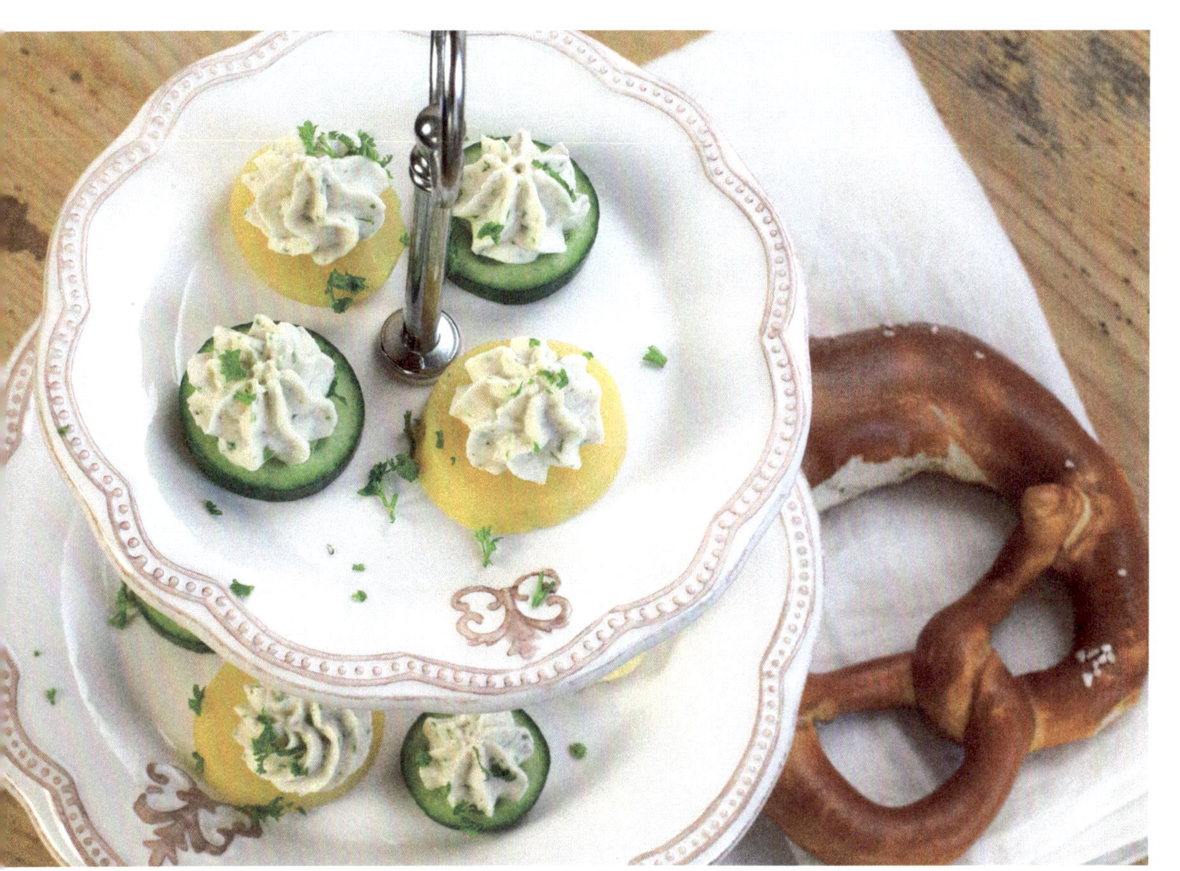

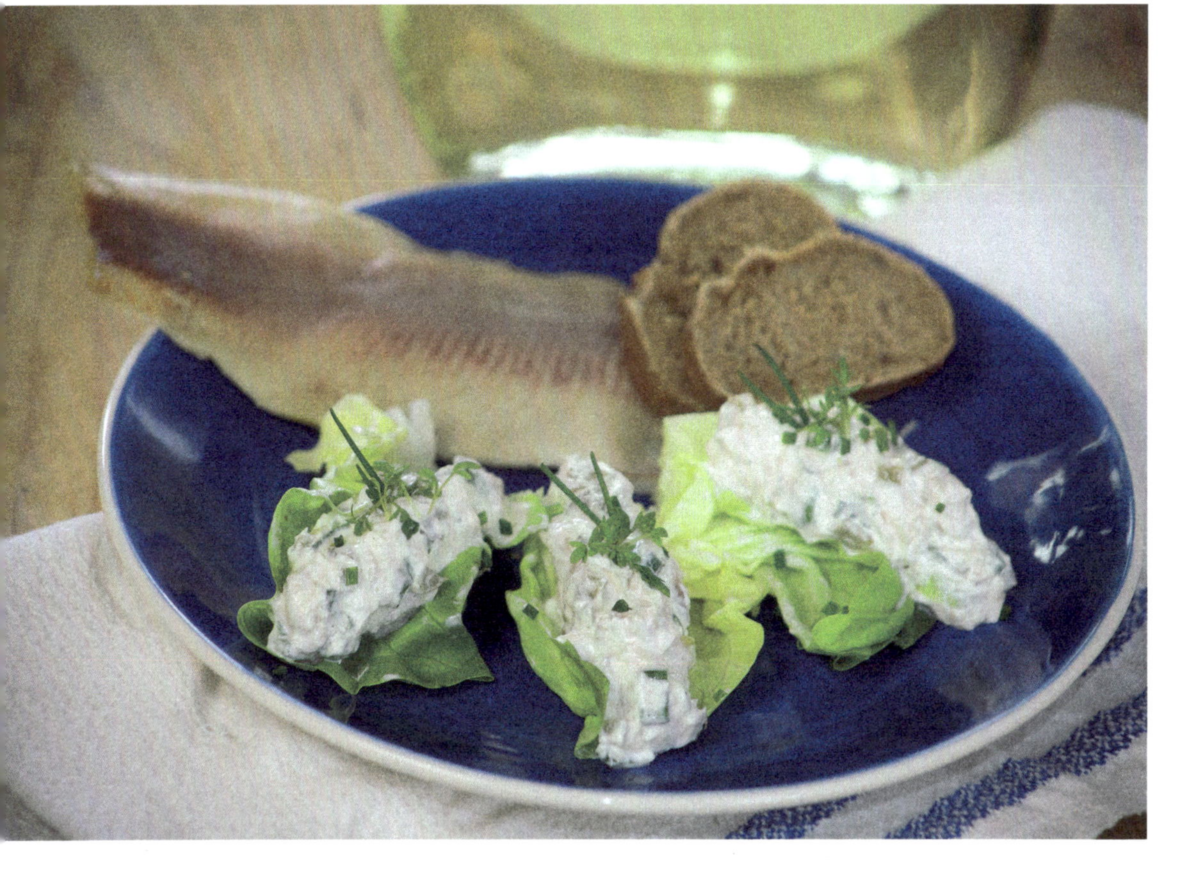

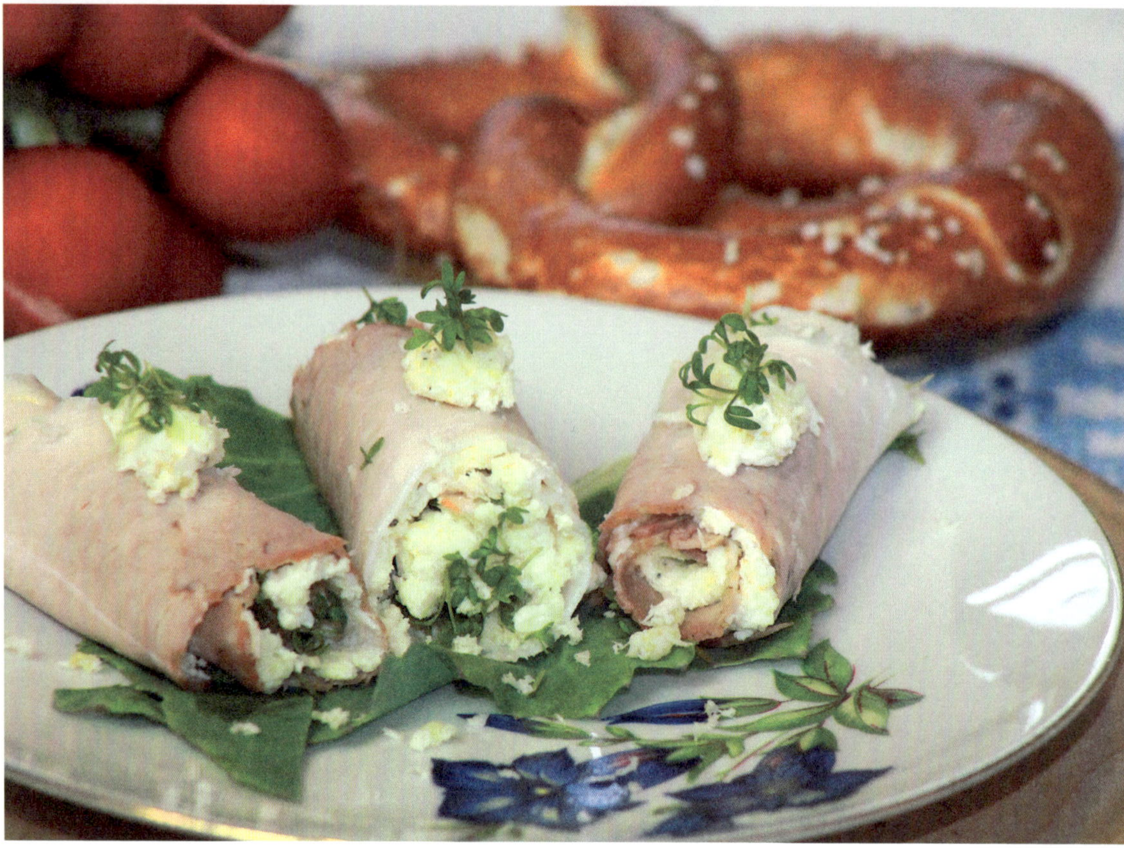

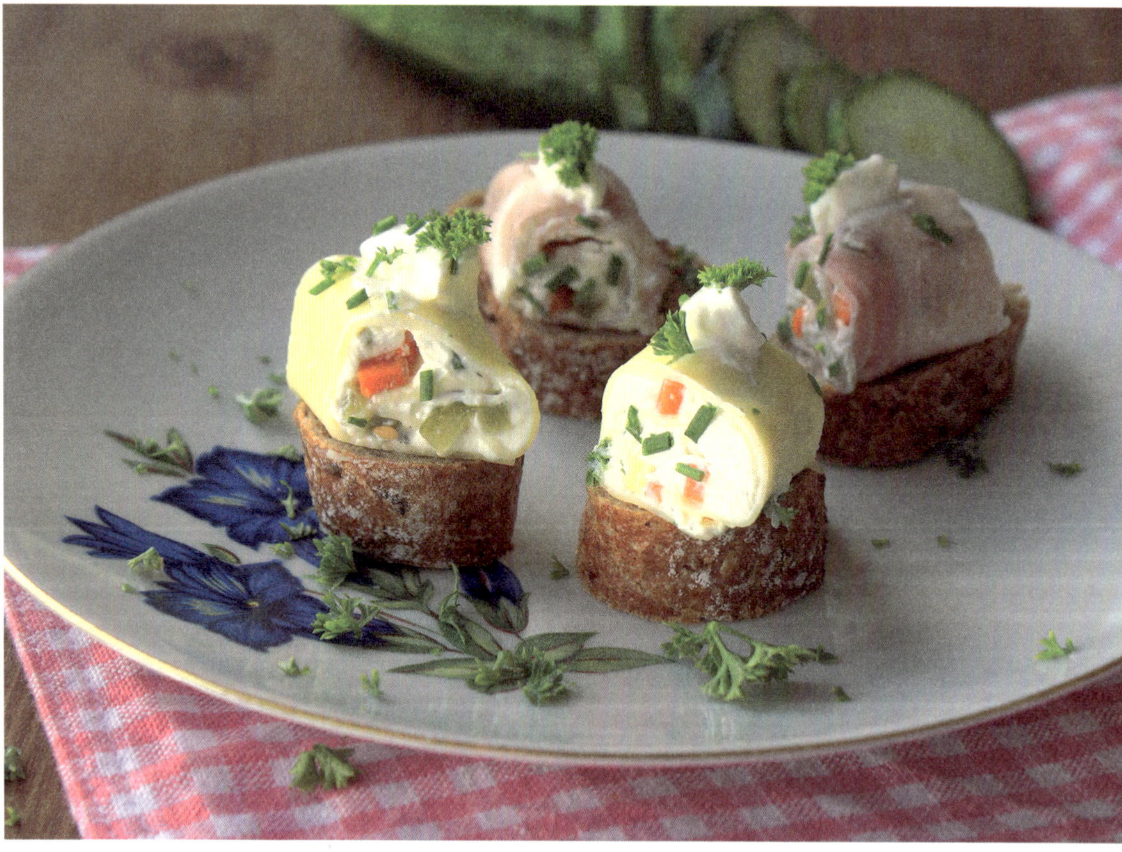

Gefüllte
BRATENRÖLLCHEN

Die Kartoffel schälen und fein reiben. Den Knoblauch schälen und fein würfeln. Beides mit dem Schmand und dem Meerrettich verrühren und pikant würzen.

Auf die Bratenscheiben streichen. Mit der Kresse bestreuen und aufrollen. *1 Std.* kühl stellen.

Tipps: Die Röllchen in heißem Öl rundum anbraten und warm oder kalt servieren.

Anstelle des kalten Bratens kann man auch gekochten Schinken verwenden.

ZUTATEN

1 gekochte Kartoffel

1 Knoblauchzehe

150 g Schmand

1 TL Meerrettich

Salz, Pfeffer

*12 dünne Scheiben
kalter Braten*

Kresse

Schinken- und Käse
RÖLLCHEN

Die Gelbe Rübe schälen, die Frühlingszwiebeln putzen und waschen. Beides sehr klein würfeln. Die Essiggurken ebenfalls in sehr kleine Würfel schneiden.

Alles mit dem Frischkäse vermischen und pikant würzen.

Auf die Schinken- und Käsescheiben streichen und aufrollen. *1 Std.* kühl stellen.

Vor dem Servieren in Stücke schneiden und nach Belieben mit etwas Schmand und Kresse garnieren.

ZUTATEN

1 Gelbe Rübe

2 Frühlingszwiebeln

1–2 Essiggurken

200 g Frischkäse

Salz, Pfeffer

*4 dünne Scheiben
gekochter Schinken*

*4 dünne Scheiben
Emmentaler*

KALTER BRATEN

als Salat

ZUTATEN

150 g kalter Braten,
dünn geschnitten

½ Bund Radieserl

100 g Datteltomaten

4 Essiggurken

◇◇◇◇◇◇◇◇◇◇◇◇◇◇◇◇◇◇◇◇◇◇◇◇◇◇◇◇◇◇◇◇

DRESSING

3 EL Weißweinessig

4 EL Rapsöl

1 TL Meerrettich

Salz, Pfeffer

◇◇◇◇◇◇◇◇◇◇◇◇◇◇◇◇◇◇◇◇◇◇◇◇◇◇◇◇◇◇◇◇

ZUM ANRICHTEN

Kresse

Den Braten auf einer Platte anrichten.

Radieserl und Tomaten waschen und putzen. Die Radieserl in Scheiben schneiden, die Tomaten, je nach Größe, halbieren oder vierteln. Die Essiggurken ebenfalls in Scheiben schneiden. Alles über den Braten verteilen.

Die Zutaten für das Dressing verrühren. Über den Salat geben und mit Kresse bestreuen.

Rezept für an guadn Schweinsbraten:

Bei 1 bis 2 Zwiebeln die Wurzeln entfernen, mit der Schale halbieren und mit 2 Knoblauchzehen in etwas Öl kräftig anbraten.

Den Schweinebraten dazugeben und rundum schön braun anbraten. Mit Salz, Pfeffer und Majoran würzen, wer es mag, gibt noch a bisserl Kümmel dazu.

Nun ab in den Ofen damit und *bei 180 °C* garen. Nach *ca. 30 Min.* mit Gemüsebrühe und etwas Bier aufgießen und weiterbraten. Immer wieder mit Brühe aufgießen. Garzeit gesamt, je nach Größe, zwischen *90 bis 120 Min.*

Das Fleisch aus dem Bräter nehmen und etwas ruhen lassen. 2 EL Mehl mit kaltem Wasser verrühren und die Soße damit abbinden. *Mindestens 5 Min.* leicht köcheln lassen, damit der Mehlgeschmack verschwindet. Abschmecken, das Fleisch in Scheiben schneiden und mit der Soß servieren.

KNÖDEL *Salat*

ZUTATEN

250 g grüne Bohnen

200 ml Gemüsebrühe

4 Semmelknödel

100 g Cocktailtomaten

4 Frühlingszwiebeln

◇◇◇◇◇◇◇◇◇◇◇◇◇◇◇◇◇◇◇◇

DRESSING

3 EL Weißweinessig

4 EL Rapsöl

1 EL süßer Senf

Salz, Pfeffer

◇◇◇◇◇◇◇◇◇◇◇◇◇◇◇◇◇◇◇◇

ZUM ANRICHTEN

50 g Bergkäse

Die Bohnen waschen, putzen und in der Brühe garen. Abgießen und abkühlen lassen.

Die Knödel in Würfel schneiden. Die Cocktailtomaten waschen, vierteln und entkernen. Die Frühlingszwiebeln putzen, waschen und in Ringe schneiden.

Knödel, Bohnen, Tomaten und Frühlingszwiebeln auf vier Tellern anrichten. Die Zutaten für das Dressing miteinander verrühren und über den Salat geben.

Den Bergkäse in Späne hobeln und den Salat damit bestreuen.

Tipp: Für diesen Salat eignet sich auch unser Knödel aus dem Ofen (S. 40).

Lauwarmer SPARGELSALAT

ZUTATEN

250 g grüner Spargel

250 g weißer Spargel

2 EL Rapsöl

Salz, Pfeffer

3 EL Weißweinessig

1 Bund Frühlingszwiebeln

100 g Cocktailtomaten

◇◇◇◇◇◇◇◇◇◇◇◇◇◇◇◇◇◇◇◇

ZUM ANRICHTEN

Salatblätter

Den grünen Spargel waschen und putzen, den weißen Spargel schälen und putzen und jeweils in Stücke schneiden. Im heißen Öl rundum anbraten. Würzen, mit dem Essig ablöschen und kurz weitergaren.

Die Frühlingszwiebeln putzen, waschen und in Ringe schneiden. Zum Spargel geben und kurz mitgaren.

Die Tomaten waschen und vierteln. Zum Spargel geben und leicht erwärmen.

Die Salatblätter waschen, putzen und trocken schleudern. Auf vier Teller verteilen und den Salat darauf anrichten.

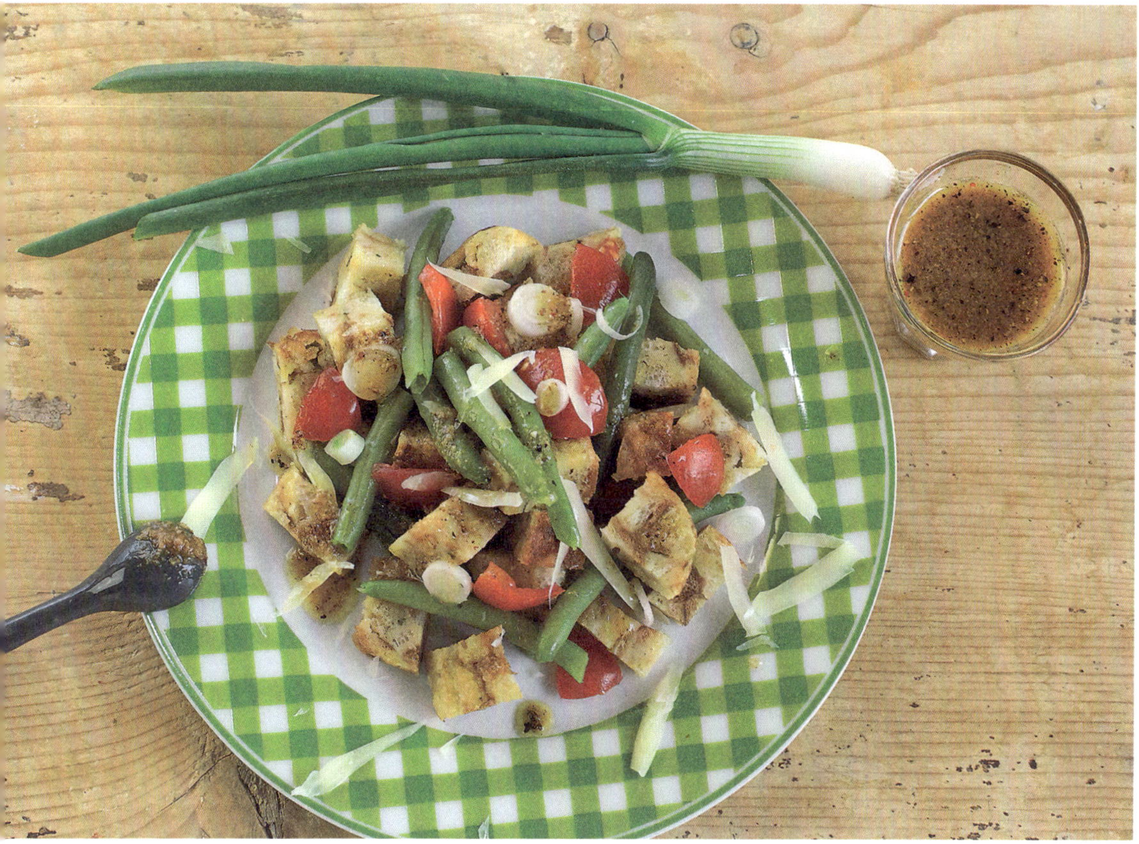
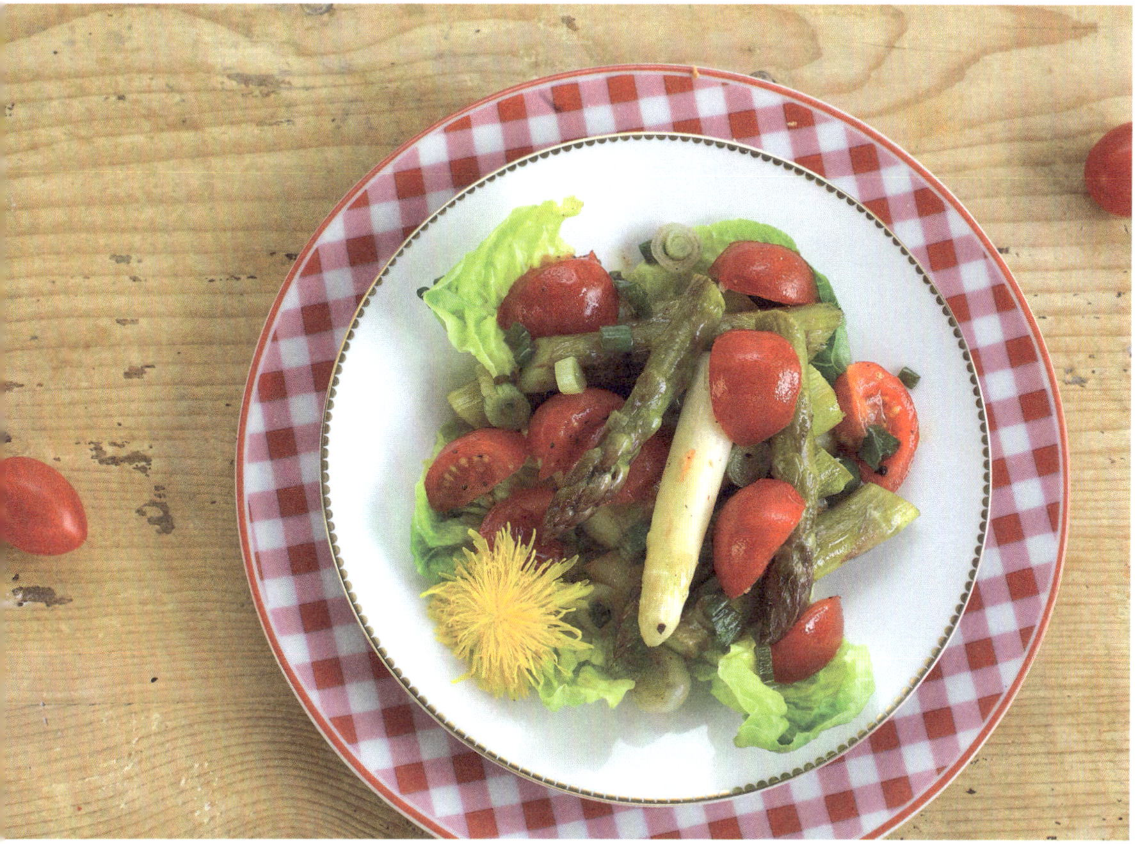

LEBERKÄS *Salat*

ZUTATEN

1 Gurke

1 Bund Radieserl

1–2 dickere Scheiben
Leberkäs (ca. 250 g)

200 g Bergkäse

∞∞∞∞∞∞∞∞∞∞∞∞∞∞∞∞∞∞∞

DRESSING

3 EL Weißweinessig

4 EL Rapsöl

1 TL Kräutersenf

Salz, Pfeffer, Zucker

∞∞∞∞∞∞∞∞∞∞∞∞∞∞∞∞∞∞∞

ZUM ANRICHTEN

2 Frühlingszwiebeln

Gurke und Radieserl waschen, putzen und in Würfel schneiden. Leberkäs und Käse ebenfalls würfeln. In vier tiefe Teller verteilen.

Die Zutaten für das Dressing miteinander verrühren und über den Leberkässalat geben.

Die Frühlingszwiebeln putzen, waschen und in Ringe schneiden. Über den Salat geben und kurz durchziehen lassen.

Als Mitbringsel für den Biergartenbesuch:

Alle Zutaten würfeln, auf kleine Holzspießerl stecken und mit dem Dressing marinieren. So wird der Leberkässalat zum Fingerfood.

Welche Wurst zum Salat, das ist hier die Frage?

Das ist schon fast eine Glaubensfrage, denn für einen guten Wurstsalat passt ja so einiges. Da Bayern eine Auswahl an Würsten hat, die wirklich par excellence ist und wir in Bayern eh offen für alles sind, zählen wir gerne ein paar auf:

Die normale *Fleischwurst* ist jetzt nicht so unser Favorit, wir bevorzugen eher würzigere Sorten. Die wären klassisch natürlich die *Lyoner*, die sich durch die geräucherte Würze hervorhebt.

Wer es ein bisserl knackig mag, der nimmt *Wiener*.

Wem es pressiert, der holt sich bei seinem Dorfmetzger *Leberkäs*, den er gleich in Scheiben schneiden lässt, dann geht das Würfeln noch schneller.

Wer einen richtig würzigen Wurstsalat liebt, der verwendet *Regensburger*.

Übrigens, was uns besonders gut schmeckt, sind im Dressing a bisserl Senf und ein paar Löfferl Essigurkensud.

Gerollter WURSTSALAT

ZUTATEN

1 Zwiebel

5 Essiggurken

100 g Bergkäse

3 EL Schmand

1 TL Senf

Salz, Pfeffer

12 dünne Scheiben Leberkäs

Die Zwiebel schälen und sehr fein schneiden. Die Essig-gurken und den Käse fein würfeln. Zwiebeln, Essiggurken und Käse mit Schmand und Senf mischen und mit Salz und Pfeffer pikant abschmecken.

Die Masse auf die Leberkässcheiben streichen, aufrollen und *ca. 1 Std.* kühl stellen.

Vor dem Servieren, je nach Größe der Rollen, halbieren oder dritteln.

Pfiffiger
WURSTSALAT

Wiener, Essiggurken und Maiskölbchen in Scheiben schneiden. Rettich und Zwiebel schälen und jeweils vierteln. Rettich in Scheiben, Zwiebel in Streifen schneiden.

Die Zutaten für das Dressing verrühren und mit den Salatzutaten mischen. Kurz ziehen lassen.

Feldsalat waschen, putzen und trocken schleudern. Auf vier Tellern anrichten. Den Wurstsalat darauf verteilen und mit Kresse bestreut servieren.

ZUTATEN

4–6 Wiener

4 Essiggurken

4 eingelegte Maiskölbchen

1 kleiner Rettich

1 rote Zwiebel

DRESSING

3 EL Weißweinessig

4 EL Rapsöl

1–2 EL Gurkensud

1 EL süßer Senf

1 EL Schnittlauch

Salz, Pfeffer

ZUM ANRICHTEN

Feldsalat, Kresse

RETTICH-CARPACCIO
mit geräucherter Forelle

ZUTATEN

1 Rettich

Salz

2 rote Äpfel

1 EL Zitronensaft

125 g geräuchertes
Forellenfilet

30 g Löwenzahnblätter
oder Rucola

DRESSING

3 EL Weißweinessig

4 EL Rapsöl

1 EL Kräutersenf

Salz, Pfeffer, Zucker

Den Rettich schälen, evtl. längs halbieren, und in Scheiben hobeln. Salzen, *10 Min.* ziehen lassen und abgießen.

Die Äpfel waschen, halbieren und entkernen. In Scheiben schneiden und sofort mit dem Zitronensaft beträufeln.

Das Fischfilet in Streifen schneiden. Löwenzahnblätter (Rucola) waschen, putzen und trocken schleudern.

Rettich- und Apfelscheiben fächerartig auf vier Tellern anrichten. Die Forellenfilets und den Löwenzahn (Rucola) darüber verteilen.

Die Zutaten für das Dressing miteinander verrühren und über das Carpaccio geben.

RETTICH-Röllchen

ZUTATEN

1 Rettich

Salz

FÜLLUNG

4 Frühlingszwiebeln

1 kleine rote Paprikaschote

2 Essiggurken

200 g Frischkäse

Kräutersalz, Pfeffer

ZUM ANRICHTEN

Salatblätter

Den Rettich schälen und längs in 10 bis 12 dünne Scheiben hobeln. Salzen, *10 Min.* ziehen und danach gut abtropfen lassen.

Frühlingszwiebeln und Paprikaschote waschen, putzen und beides sehr fein schneiden. Die Essiggurken fein würfeln. Mit dem Frischkäse vermischen und pikant würzen.

Die Rettichscheiben damit bestreichen und aufrollen.

Die Salatblätter waschen, putzen und trocken schleudern. Die Rettichröllchen darauf anrichten und nach Belieben garnieren.

Je mehr man den Rettich salzt, desto weniger beißt er. (Deutsches Sprichwort)

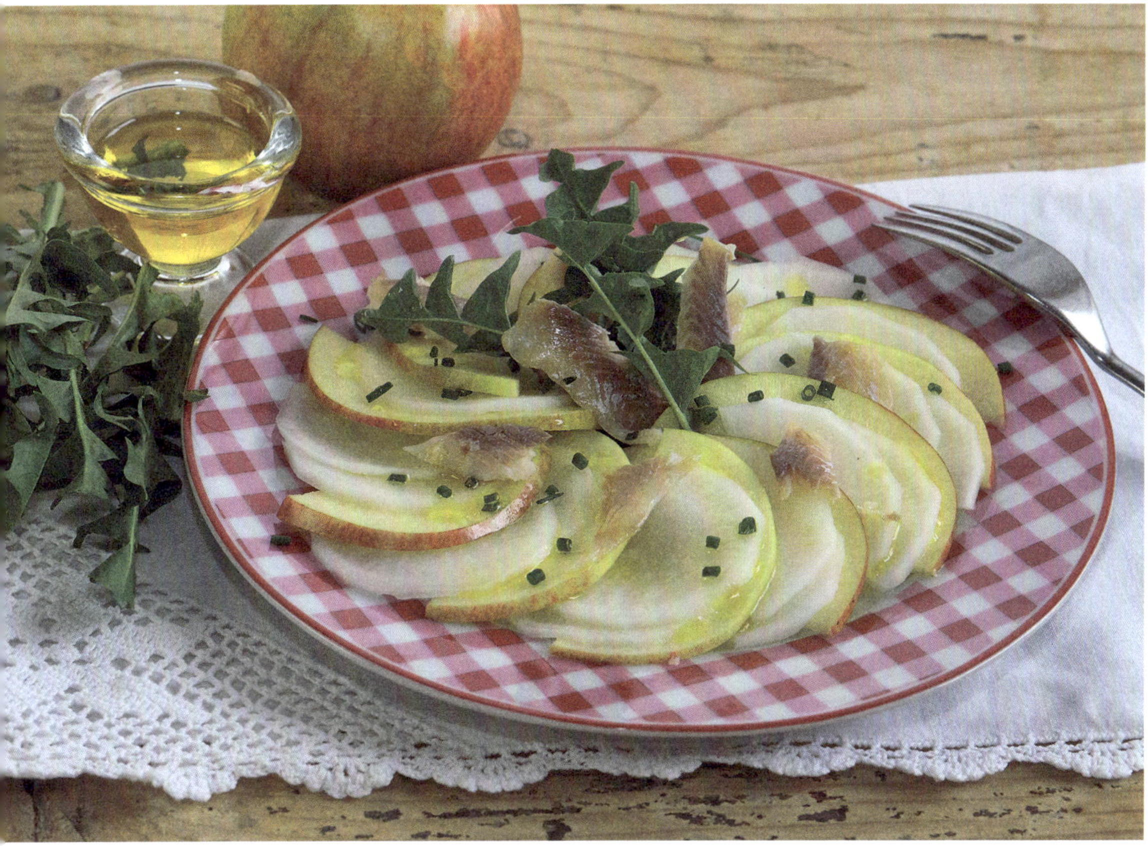

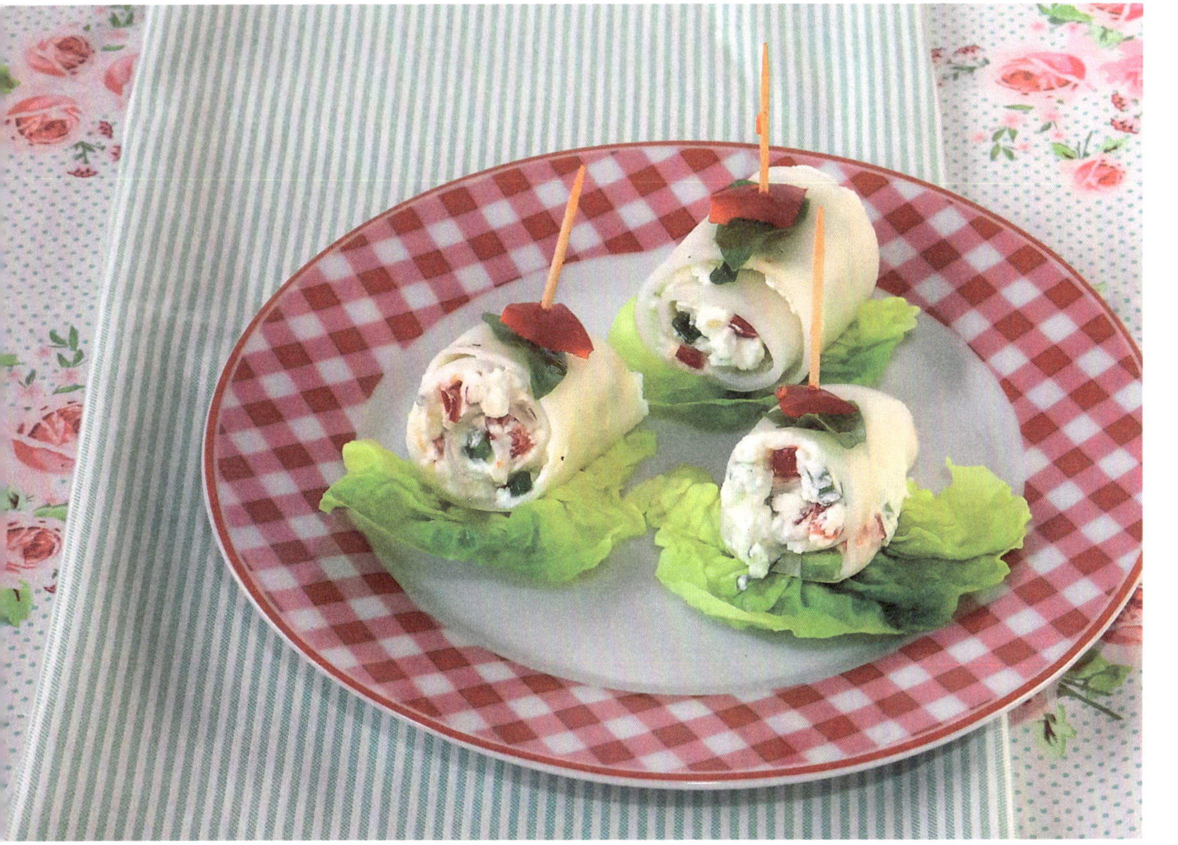

ROMADUR
in Sahnesoße

ZUTATEN

500 g Romadur

2 rote Zwiebeln

◇◇◇◇◇◇◇◇◇◇◇◇◇◇◇◇◇◇◇◇◇◇◇◇◇◇

DRESSING

2 EL Weißweinessig

3 EL Rapsöl

125 g Sahne

1 TL Kräutersenf

1 TL Kräutersalz

◇◇◇◇◇◇◇◇◇◇◇◇◇◇◇◇◇◇◇◇◇◇◇◇◇◇

ZUM ANRICHTEN

Schnittlauch

Den Romadur in Scheiben schneiden. Die Zwiebeln schälen und in Ringe schneiden. Beides auf vier Tellern oder einer Platte anrichten.

Die Zutaten für das Dressing miteinander verrühren und über den Käse verteilen.

10 Min. ziehen lassen und mit Schnittlauch bestreut servieren.

Romadur-TATAR

ZUTATEN

1 kleine rote Zwiebel

200 g Romadur

2–3 Essiggurken

100 g Schmand

1 TL Kräutersenf

1 EL Weißweinessig

Salz, Pfeffer

◇◇◇◇◇◇◇◇◇◇◇◇◇◇◇◇◇◇◇◇◇◇◇◇◇◇

ZUM ANRICHTEN

4 Weißbiersemmeln (S. 30) oder Laugensemmeln

Kresse

Die Zwiebel schälen. Romadur, Zwiebel und Essiggurken in feine Würfel schneiden und mischen. Schmand, Senf, Essig und Gewürze vorsichtig unterheben.

Die Semmeln halbieren. Das Tatar darauf anrichten und mit Kresse bestreuen.

Früher war der Rotschmierkäse einfach der „Stinker". Na ja, ein würziges Aroma hat er schon und als deftig kann man ihn sicher auch bezeichnen. Aber er passt einfach zur Bayerischen Küche wie der Adam zur Eva. Viele schaben ja immer die Rotschmiere ein wenig weg, aber gerade das zeichnet den Geschmack aus. Also bitte beim nächsten Kochen einfach dran lassen.

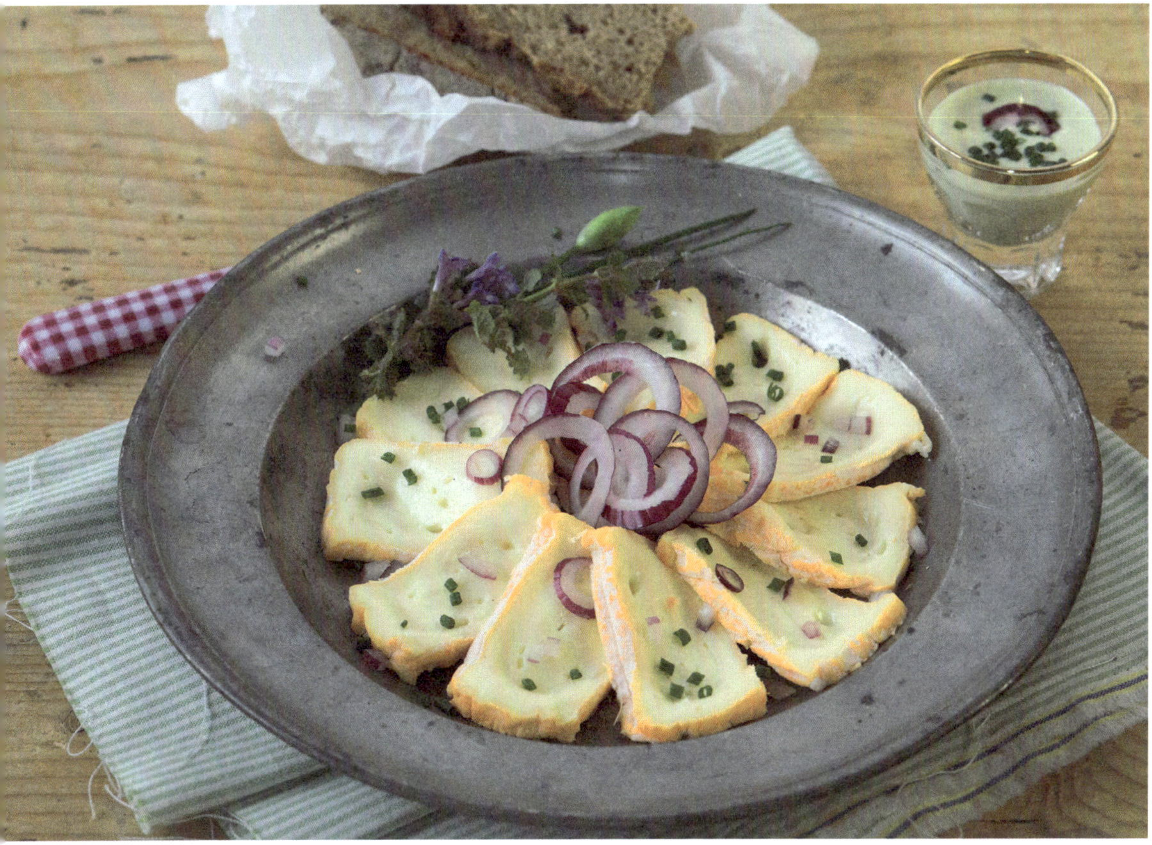

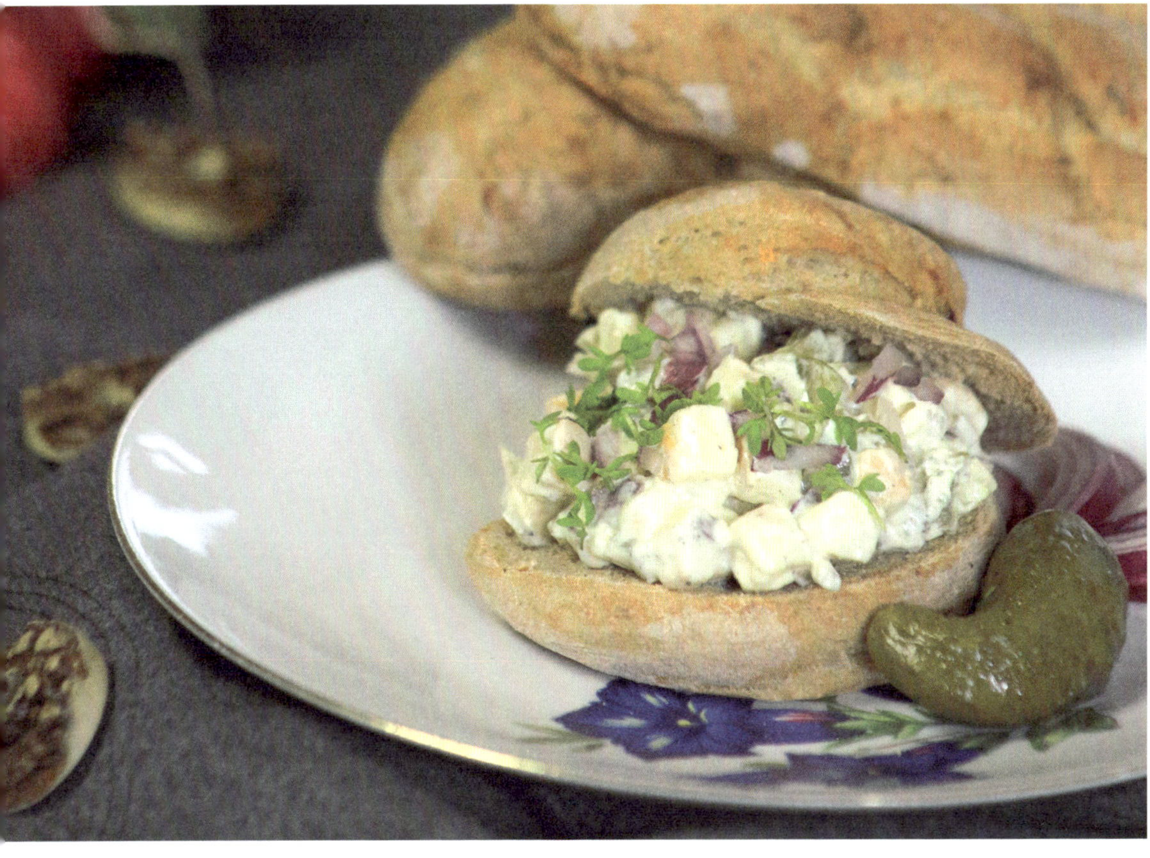

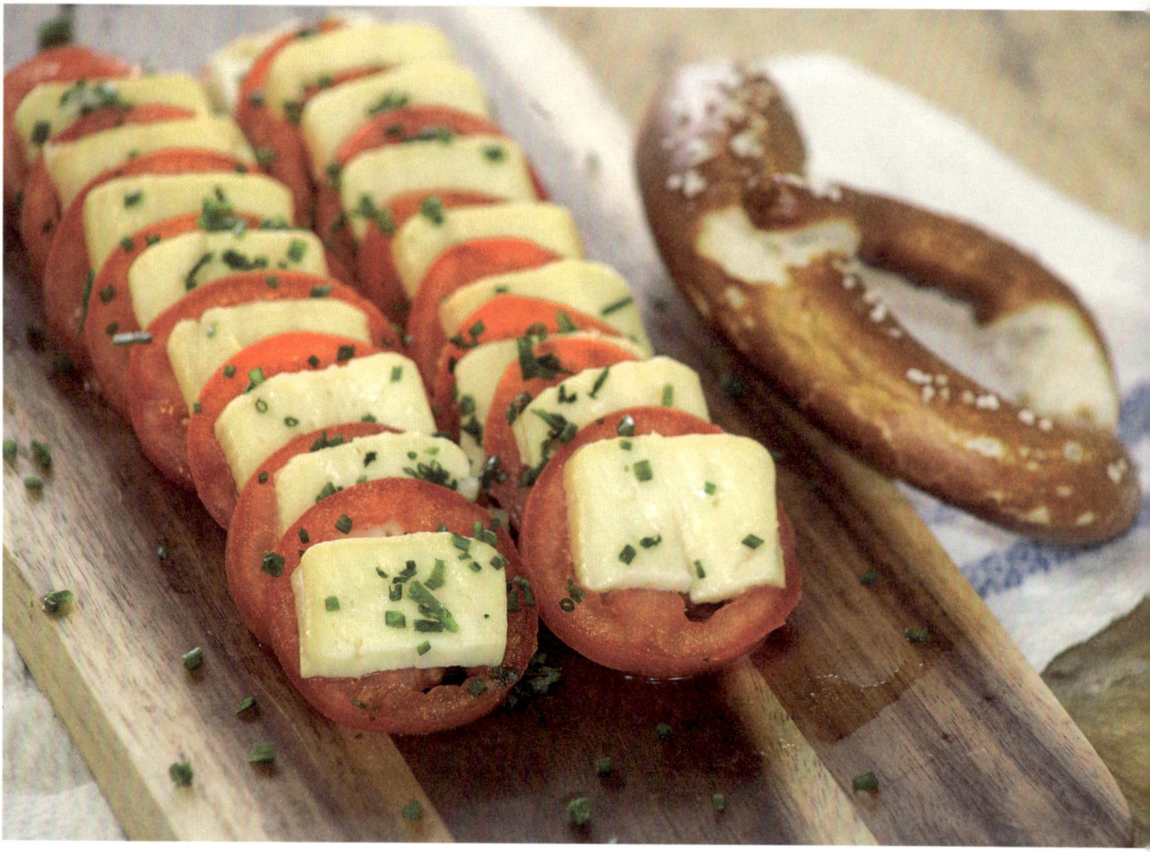

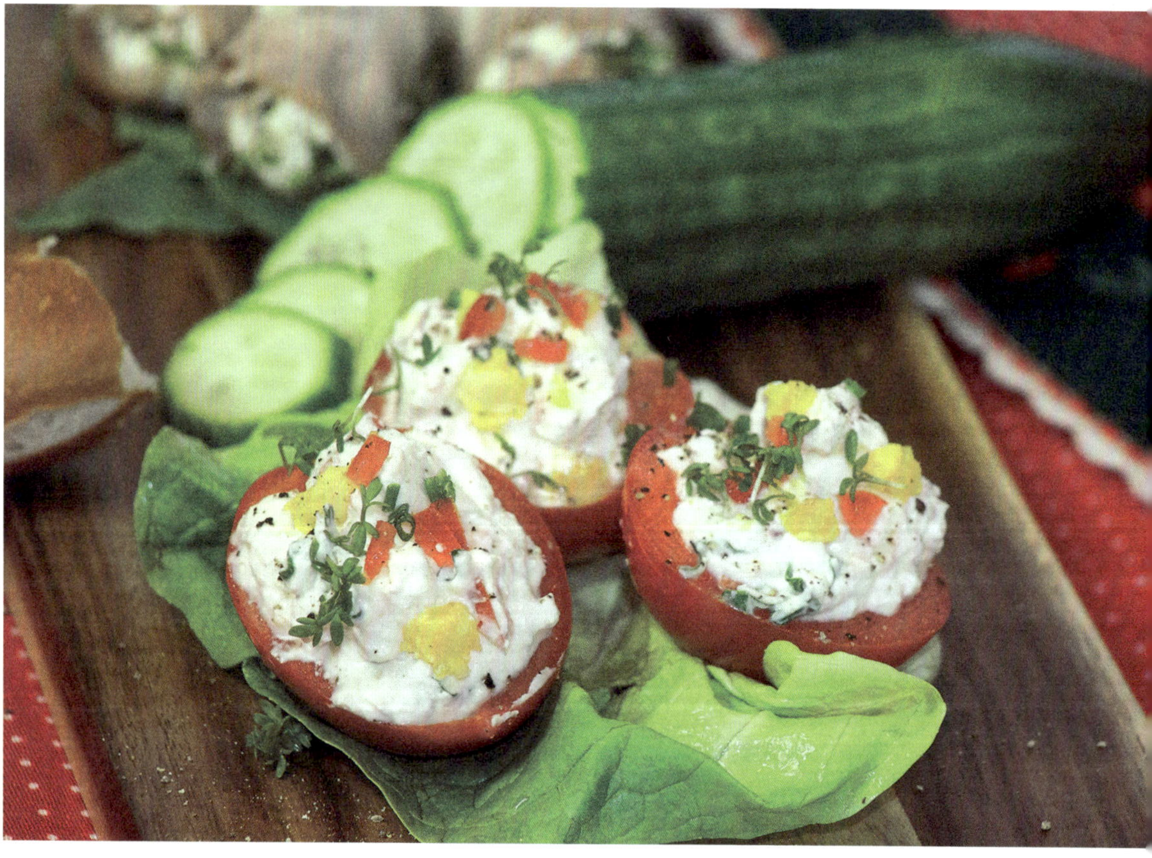

ROMADUR
mit Tomaten

... die bayerische Antwort auf das allseits bekannte italienische „Caprese".

Die Tomaten waschen und in Scheiben schneiden. Den Käse ebenfalls in Scheiben schneiden. Beides im Wechsel auf einer Platte anrichten.

Die Zutaten für das Dressing verrühren und über die Tomaten- und Käsescheiben verteilen. Mit Schnittlauch bestreuen.

ZUTATEN

4–5 Tomaten

200 g Romadur

◇◇◇◇◇◇◇◇◇◇◇◇◇◇◇◇◇◇◇◇◇◇

DRESSING

3 EL weißer Balsamico

3 EL Olivenöl

Salz, Pfeffer

◇◇◇◇◇◇◇◇◇◇◇◇◇◇◇◇◇◇◇◇◇◇

ZUM ANRICHTEN

2 EL Schnittlauch

Gefüllte TOMATEN

Die Tomaten waschen. Quer halbieren, aus jeder Hälfte das Fruchtfleisch lösen und entfernen.

Zwei Tomatenhälften sehr klein schneiden. Die Eier schälen und klein hacken. 2 EL davon zum Verzieren beiseitestellen. Den Topfen gut abtropfen lassen.

Klein geschnittene Tomate und Eier mit Topfen, Frischkäse, Gewürzen und Schnittlauch verrühren und in die restlichen Tomatenhälften füllen. Mit den gehackten Eiern verzieren.

ZUTATEN

5 Tomaten

2 hart gekochte Eier

250 g Topfen (20 %)

100 g Frischkäse

Salz, Pfeffer

Schnittlauch

Weißbier-
STANGERL

ZUTATEN

300 g Roggenmehl

200 g Weizenmehl

Salz

80 g geriebener Emmentaler

30 g Hefe

300–350 ml Weißbier

Mehl, Salz und Käse mischen und die Hefe darüberbröseln. Das Weißbier dazugeben und mit den Knethaken des Handrührgerätes gut durchkneten. Den Teig zugedeckt 45 Min. gehen lassen.

Aus dem Teig Stangerl oder Semmeln formen bzw. flechten und auf ein mit Backpapier ausgelegtes Backblech legen. Mit etwas Weißbier bestreichen und backen.

Backzeit: 25 bis 30 Min. bei 180 °C (160 °C)

Nach dem Backen sofort noch einmal mit Weißbier bestreichen und abkühlen lassen.

Dazu schmeckt a Stückerl Butter und a kühle Halbe Bier.

Oder auch ein frischer

Radieserl DIP

ZUTATEN

5 Radieserl

100 g Frischkäse

100 g Schmand

Salz, Pfeffer

◇◇◇◇◇◇◇◇◇◇◇◇◇◇◇◇◇◇◇◇◇◇◇◇

ZUM ANRICHTEN

Kresse

Die Radieserl waschen und putzen. Dabei 2 Blätter aufbewahren. Radieserl und die 2 Blätter fein schneiden.

Frischkäse und Schmand miteinander verrühren. Radieserl und Blätter unterheben. Pikant würzen und mit der Kresse bestreuen.

Tipp: Damit Radieserl länger frisch bleiben, sollte man die Blätter vor dem Aufbewahren entfernen. Sind diese noch schön frisch, lässt sich daraus ein schmackhaftes Pesto zubereiten.

WAS DEFTIG'S

~Hauptspeis~

ECHT GUADS
Für
Freunde
& HAUSGMACHT

Allgäuer CORDON BLEU

ZUTATEN

4 Schnitzel
(Schwein oder Pute)

Salz, Pfeffer

8 Scheiben roher Schinken

100 g Romadur

◊◊◊◊◊◊◊◊◊◊◊◊◊◊◊◊◊◊◊◊◊◊◊◊◊◊◊

PANADE

2 Eier

1 EL Sahne

Kräutersalz

Mehl

Semmelbrösel

Butterschmalz
zum Ausbacken

Die Schnitzel flach klopfen und auf beiden Seiten würzen. Jedes Schnitzel mit 2 Scheiben Schinken belegen.

Den Romadur in 8 Scheiben schneiden und auf jedes Schnitzel 2 Scheiben legen. Die Schnitzel zusammen-klappen und mit Zahnstochern feststecken.

Die Eier mit der Sahne verquirlen und mit Kräutersalz würzen. Die Schnitzel erst in Mehl, dann in den Eiern und zum Schluss in Semmelbröseln wenden. In reichlich heißem Butterschmalz von beiden Seiten goldbraun backen.

Welche Panade hätten's denn gern?

Ja, so ein knuspriges Bröselkleid gehört zur Bayerischen Küche. Klassisch sind natürlich die normalen Semmel-brösel. Bleiben aber mal ein paar Brezen übrig, diese einfach ein wenig trocknen lassen und reiben, schon füllt sich der Vorratsschrank mit einer besonders würzigen Bröselsorte. Oder ruhig mal ein paar Löffel gemahlene Nüsse mit Semmelbröseln mischen, die passen dann hervorragend zu paniertem Fisch. Übriggebliebenes süßes Gebäck ebenfalls zu Bröseln verarbeiten und diese als Panade bei süßen Knödeln verwenden.

Damit so eine feine Panade richtig knusprig wird, braucht sie reichlich Fett. Daher immer hochwertige Fette oder Öl verwenden. Wir nehmen Butterschmalz oder ein gutes, heimisches Rapsöl.

Allgäuer KÄSSPATZN

SPÄTZLETEIG

500 g Mehl

1 TL Salz

6 Eier

150–250 ml Mineralwasser

~~~~~~~~~~~~~~~~~~~~~~~~~~~~~~~~

ZUM ANRICHTEN

2–3 Zwiebeln

100 g Butter

200 g Romadur

200 g geriebener Bergkäse

Schnittlauch

Aus Mehl, Salz, Eiern und Wasser mit den Knethaken des Handrührgerätes einen Spätzleteig herstellen. Der Teig sollte zäh reißend sein. Kurz ruhen lassen.

Die Zwiebeln schälen und in kleine Würfel schneiden. In der heißen Butter goldbraun rösten.

Den Romadur klein würfeln.

Reichlich Salzwasser zum Kochen bringen und den Spätzleteig mit einem Spätzlehobel portionsweise in das kochende Wasser hobeln. Wenn die Spätzle an die Wasseroberfläche kommen, sind sie fertig. Dann sofort mit einem Sieb entnehmen und in einer Schüssel abwechselnd mit den beiden Käsesorten schichten. Zum Schluss die gerösteten Zwiebeln darübergeben, mit Schnittlauch bestreuen und sofort servieren.

Tipp: Den Spätzlehobel nach Gebrauch in kaltem Wasser einweichen, dann lässt er sich leichter reinigen.

Allgäuer KASTEN BRATEN

ZUTATEN

8 Scheiben Halsgrat

Salz, Pfeffer, Paprikapulver

200 g roh geräuchertes Wammerl, dünn geschnitten

200 g Emmentaler, dünn geschnitten

~~~~~~~~~~~~~~~~~~~~~~~~~~~~~~~~

ZUM ANRICHTEN

Schnittlauch

Die Halsgratscheiben würzen und abwechselnd mit Wammerl und Käse in eine Kasten- oder Leberkäsform schichten. Kühl stellen und *1 Std.* ziehen lassen. Danach backen.

Backzeit: ca. 60 Min. bei 200 °C (180 °C)

Zum Servieren in Scheiben schneiden und mit Schnittlauch bestreuen.

Tipp: Am Vortag vorbereiten, so zieht es noch besser durch und dann frisch backen.

ALMKNÖDEL
auf Blattsalat

Die Kartoffeln in der Schale weich kochen. Schälen und sofort durch eine Kartoffelpresse drücken. Auskühlen lassen.

Zwiebel und Knoblauch schälen und fein würfeln. In der heißen Butter andünsten, mit der Milch aufgießen. Über das Knödelbrot geben und *20 Min.* ziehen lassen.

Ei, Gewürze und Kartoffeln dazugeben und untermischen. Den Käse in kleine Würfel schneiden und mit den Kräutern unterheben. Aus der Masse kleine Knödel formen.

Zunächst in Mehl, dann in den verquirlten Eiern und anschließend in Semmelbröseln wenden. In reichlich heißem Öl rundum goldbraun backen.

Für das Dressing das Malzbier bei schwacher Hitze auf die Hälfte einkochen lassen. Die restlichen Zutaten unterrühren.

Die Salate waschen, putzen und trocken schleudern. Auf vier Tellern anrichten. Mit dem Dressing beträufeln und die Knödel daraufsetzen. Nach Belieben garnieren.

Tipp: Die Knödel lassen sich natürlich ohne Panade auch in leicht siedendem Salzwasser fertigstellen.

Alm oder Alpe?
Im Oberbayerischen ist es die Alm und im
Allgäu die Alpe. Und das sollte man ja nicht
verwechseln ...

KNÖDEL
200 g mehligkochende Kartoffeln

1 kleine Zwiebel

1 Knoblauchzehe

1 EL Butter

80 ml Milch

100 g Knödelbrot

1 Ei

Salz, Pfeffer, geriebene Muskatnuss

150 g Bergkäse

2 EL gehackte Kräuter

◇◇◇◇◇◇◇◇◇◇◇◇◇◇◇◇◇◇◇◇◇◇

PANADE
Mehl

2 Eier

Semmelbrösel

Rapsöl zum Ausbacken

◇◇◇◇◇◇◇◇◇◇◇◇◇◇◇◇◇◇◇◇◇◇

DRESSING
200 ml Malzbier

3 EL weißer Balsamico

6 EL Rapsöl

2 EL süßer Senf

Salz, Pfeffer

◇◇◇◇◇◇◇◇◇◇◇◇◇◇◇◇◇◇◇◇◇◇

ZUM ANRICHTEN
100 g Feldsalat

ein paar Blätter Kopfsalat

BÖFFLAMOTT

MARINADE

1 Zwiebel

1 Knoblauchzehe

500 ml Rotwein

125 ml Rotweinessig

5 Wacholderbeeren

Salz, Pfeffer

◇◇◇◇◇◇◇◇◇◇◇◇◇◇◇◇◇◇◇◇◇◇◇◇◇

1,2 kg Rinderbraten

2 EL Rapsöl

2 EL Mehl

Zwiebel und Knoblauch schälen und vierteln. Mit Rotwein, Essig, Wacholderbeeren, Salz und Pfeffer verrühren und einmal aufkochen. Abkühlen lassen.

Das Fleisch in die Marinade legen und zugedeckt an einem kühlen Ort *1 bis 2 Tage* ziehen lassen.

Das Fleisch aus der Marinade nehmen und gut trocken tupfen. Im heißen Öl von allen Seiten anbraten. Mit Marinade aufgießen und zugedeckt *ca. 2 Std.* schmoren lassen. Bei Bedarf Marinade nachgießen.

Das Fleisch entnehmen. Das Mehl mit etwas kaltem Wasser anrühren und die Soße damit binden. Einmal aufkochen und eventuell nachwürzen. Den Braten in Scheiben schneiden und in der Soße servieren.

Dazu passen grüne Bohnen und Knödel aus dem Ofen.

Böfflamott hat vermutlich seinen Ursprung im französischen Boeuf à la mode, einem mit Speckstreifen gespickten und in Rotwein marinierten Rinderbraten. In manchen bayerischen Rezepten wird das Bratenstück auch in Weißwein eingelegt.

KNÖDEL *aus dem Ofen*

ZUTATEN

3 Semmeln vom Vortag

3 Laugensemmeln vom Vortag

200 ml Milch

1 EL Butter

3 Eier

Salz, Pfeffer

Majoran

Öl für die Alufolie

Butter zum Braten

Beide Semmelsorten in Scheiben schneiden. Die Milch mit der Butter erwärmen. Über die Semmeln geben und *20 Min.* ziehen lassen.

Eier, Gewürze und Majoran zufügen und verkneten. Aus der Masse eine Rolle formen. Diese in mit Öl bestrichene Alufolie wickeln und backen.

Backzeit: 45 Min. bei 180 °C (160 °C)

Den Knödel in Scheiben schneiden und in der heißen Butter von beiden Seiten goldbraun braten.

Tipp: Sollte ein Resterl übrig bleiben, unseren Knödelsalat von S. 18 daraus zubereiten.

BRÄTSTRUDEL
mit Wintergmias

ZUTATEN

1 Gelbe Rübe

1 Wurzelpetersilie

1 Stange Lauch

1 EL Rapsöl

100 g Bergkäse

1 EL gehackte Kräuter

500 g Leberkäsbrät

1 Rolle Blätterteig
(Kühlregal)

◇◇◇◇◇◇◇◇◇◇◇◇◇◇◇◇◇◇◇◇◇◇◇◇◇◇◇◇◇◇◇

DIP

100 g Schmand

Salz, Pfeffer

1 EL gehackte Kräuter

Die Gelbe Rübe und die Wurzelpetersilie schälen und fein würfeln. Den Lauch putzen, waschen und fein schneiden. Das Gemüse im heißen Öl andünsten.

Den Käse in kleine Würfel schneiden. Mit dem Gemüse und den Kräutern mit den Knethaken des Handrührgerätes unter das Brät rühren.

Den Blätterteig ausrollen. Das Brät darauf verstreichen und wieder aufrollen. Auf ein mit Backpapier ausgelegtes Backblech legen und backen.

Backzeit: 45 Min. bei 180 °C (160 °C)

Die Zutaten für den Dip miteinander verrühren und mit einem Stabmixer pürieren. Mit dem Brätstrudel servieren.

Wie viel Leber oder Käse ist im Leberkäs?

Diese beiden Zutaten finden sich überhaupt nicht im Leberkäs. Während früher ein gewisser Anteil an Leber beigemischt und der Name einfach beibehalten wurde, war Käse noch nie enthalten. Angeblich soll die Form von gebackenem Leberkäs an die Form von Käse erinnern. Im Rest der Republik wird der Leberkäs gerne als Fleischkäse bezeichnet.

Leberkäsbrät bekommt man in Bayern in jeder Metzgerei, ansonsten einfach vorbestellen.

Buntes
RINDERGULASCH

Das Fleisch im heißen Öl portionsweise kräftig anbraten. Die Zwiebel und den Knoblauch schälen, klein schneiden und beim letzten Bratvorgang mitbraten. Das gesamte Gulasch würzen, Tomatenmark zufügen, mit dem Bier und der Brühe ablöschen.

Zugedeckt *ca. 70 Min.* leicht köcheln lassen.

Die Rüben und die Pastinake schälen und würfeln. Den Lauch putzen, waschen und in Ringe schneiden. Alles in einer extra Pfanne im heißen Öl knapp bissfest anbraten, mit Salz und Pfeffer würzen, zum Gulasch geben und servieren.

Tipp: Gulasch immer portionsweise anbraten, so entstehen mehr Röststoffe, das Gulasch bekommt mehr Geschmack und die Soße eine schöne Farbe.

Natürlich kann man das Gemüse gleich im Gulasch mitgaren. Optisch bunter wirkt es jedoch, wenn das Gemüse extra angebraten wird.

ZUTATEN

600 g Rindergulasch

2 EL Rapsöl

1 Zwiebel

1–2 Knoblauchzehen

Salz, Pfeffer

Paprikapulver, Majoran

5 EL Tomatenmark

300 ml Bier

500 ml Gemüsebrühe

400 g Steckrübe

2 Gelbe Rüben

1 Pastinake

1 Stange Lauch

1 EL Rapsöl

EIERDÄTSCHER
mit Würstl und Kraut

PFANNKUCHEN

250 g Mehl

2–3 Eier

350 ml Milch

Salz

Butterschmalz
zum Ausbacken

◇◇◇◇◇◇◇◇◇◇◇◇◇◇◇◇◇◇◇◇◇◇

FÜLLUNG

1 rote Zwiebel

1 EL Rapsöl

400 g Sauerkraut

50 ml Gemüsebrühe

16 Nürnberger Bratwürstl

1 EL Rapsöl

1 EL gehackte Petersilie
oder Bärlauch

◇◇◇◇◇◇◇◇◇◇◇◇◇◇◇◇◇◇◇◇◇◇

DIP

100 g Sauerrahm

1 EL Kräutersenf

Salz

Für die Pfannkuchen die Zutaten miteinander verrühren und in heißem Butterschmalz acht kleine Pfannkuchen ausbacken. Auskühlen lassen.

Die Zwiebel schälen und fein würfeln. Im heißen Öl andünsten. Das Kraut dazugeben und kurz mitdünsten. Mit der Brühe aufgießen und *10 Min.* leicht köcheln lassen.

Die Würstl im heißen Öl rundum goldbraun braten.

Für den Dip Sauerrahm und Senf verrühren und pikant würzen.

Das Sauerkraut auf die Pfannkuchen verteilen. Mit je 2 Würstln belegen, mit Petersilie (Bärlauch) bestreuen und aufrollen. Mit dem Dip servieren.

Eierdätscher ist ein itzgründischer Ausdruck für Pfannkuchen; dieser Dialekt wird in Mainfranken gesprochen.

ENTENBRUST
auf Niedrigtemperatur

ZUTATEN

2 Entenbrüste

2 EL Rapsöl

Salz, Pfeffer

Thymian

1 EL Mehl

Die Entenbrüste in einer ofenfesten Pfanne im heißen Öl rundum kräftig anbraten. Würzen, aus der Pfanne nehmen und den Bratensatz mit etwas Wasser lösen. Diesen in einen extra Topf gießen, die Entenbrüste wieder in die Pfanne legen und im Backofen garen.

Backzeit: 90 bis 120 Min. bei 80 °C Ober-/Unterhitze

Die Garzeit ist von der Größe der Entenbrüste abhängig, sie sollten innen noch leicht rosa sein.

Den Bratensatz aufkochen. Das Mehl mit etwas kaltem Wasser anrühren und die Soße damit binden. Aufkochen und würzen.

Die Entenbrüste in Scheiben schneiden und mit der Soße servieren.

Tipp: Hat man keine ofenfeste Pfanne zur Hand, kann man die Entenbrüste zunächst in einer Pfanne anbraten und dann in einer Auflaufform garen. Diese sollte jedoch vorgewärmt werden, um zu vermeiden, dass das Fleisch nach dem Anbraten einen Temperaturschock bekommt.

Dazu passen:

Kartoffelpflanzerl

ZUTATEN

600 g mehligkochende Kartoffeln

Salz, Pfeffer, geriebene Muskatnuss

Majoran

1 Ei

Rapsöl zum Braten

Die Kartoffeln schälen, in Würfel schneiden und in Salzwasser weich kochen. Etwas abkühlen lassen und noch warm durch eine Kartoffelpresse drücken. Abkühlen lassen.

Gewürze, Majoran und Ei unterkneten. Mit befeuchteten Händen kleine Pflanzerl formen und diese in heißem Rapsöl von beiden Seiten goldbraun braten.

HÄHNCHENBRUST
im Speckmantel

ZUTATEN

2 Hähnchenbrustfilets
(à 300 g)

Salz, Pfeffer, Chilipulver

4 dünne Scheiben roh
geräuchertes Wammerl

◇◇◇◇◇◇◇◇◇◇◇◇◇◇◇◇◇◇◇◇◇◇

SOSSE

200 g Sahne

1 EL Ketchup

1 TL Tomatenmark

1 EL Mehl

Salz, Pfeffer

Die Hähnchenbrustfilets der Länge nach halbieren und würzen. Jeweils mit einer Scheibe Wammerl umwickeln. In eine gefettete Auflaufform legen und backen.

Backzeit: 45 Min. bei 200 °C (180 °C)

Die Zutaten für die Soße verrühren. *10 Min.* vor Ende der Garzeit zum Fleisch geben und fertig backen.

Tipp: Da es sich sehr gut vorbereiten lässt, ist dieses Gericht bestens für eine Feier geeignet. Bereits am Vortag kann man das Fleisch mit dem Wammerl umwickeln, wodurch das Fleisch den Geschmack des Wammerls wunderbar annimmt. Auch die Soße kann man im Voraus zusammenrühren. Zur rechten Zeit in den Ofen geschoben – und schon bekommen die Gäste ein feines Gericht serviert.

... schmeckt natürlich auch mit Schweine- oder Kalbsfilet zubereitet.

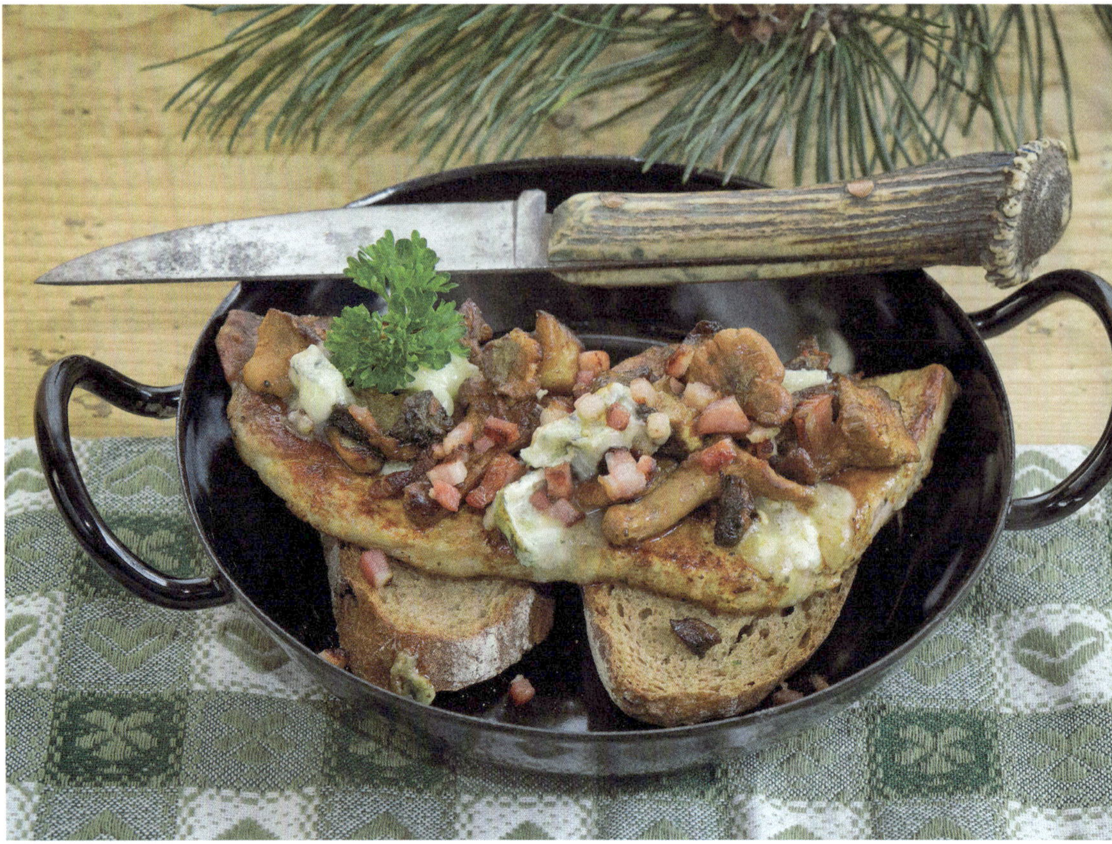

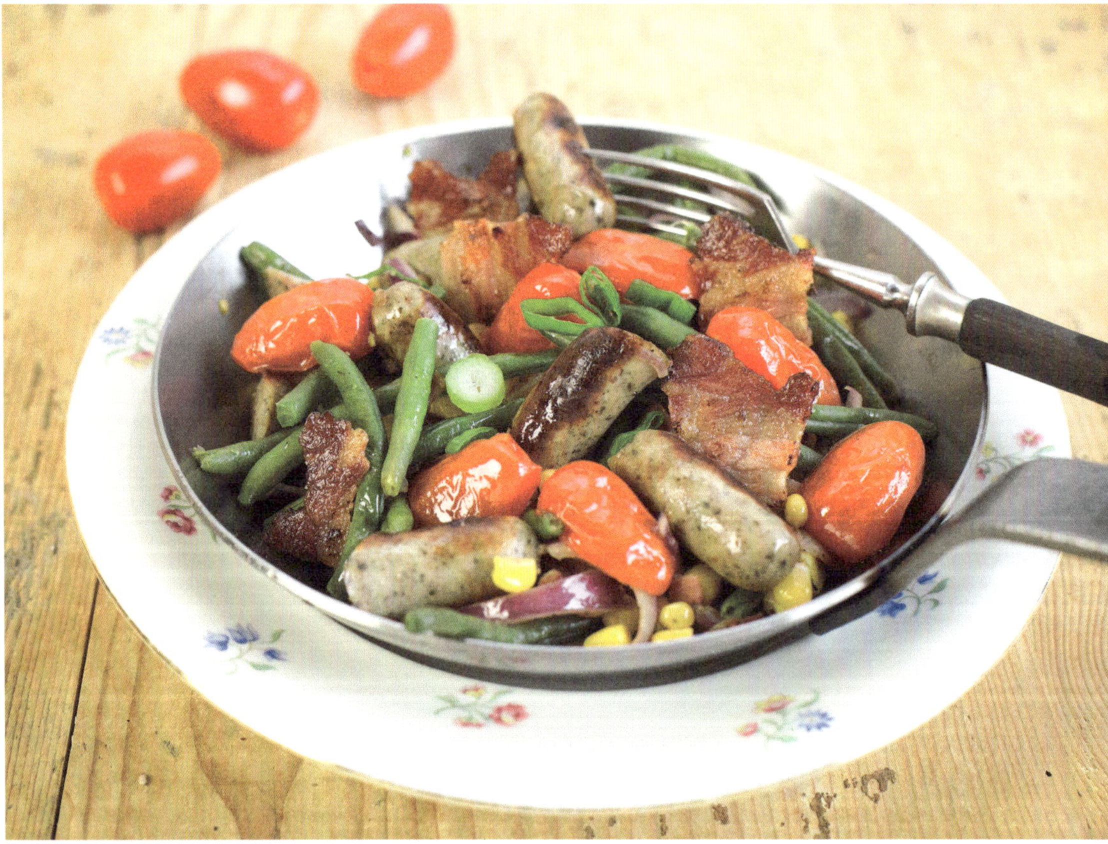

FÖRSTERSCHNITZEL

Die Schnitzel im heißen Öl braten und würzen. Aus der Pfanne nehmen, den Bratensatz mit etwas Wasser lösen.

Die Brotscheiben im Backofen *3 bis 5 Min. bei 190 °C (170 °C)* leicht anrösten. In eine Auflaufform geben und auf jede Brotscheibe ein Schnitzel legen.

Den Käse würfeln und auf die Schnitzel verteilen. Die Pilze putzen, etwas kleiner schneiden und in der heißen Butter anbraten. Würzen und ebenfalls über die Schnitzel geben.

Das Wammerl in kleine Würfel schneiden. Über die Schnitzel verteilen und überbacken.

Backzeit: 10 Min. bei 220 °C (200 °C)

Den Bratensatz aufkochen. Mehl mit etwas kaltem Wasser verrühren und die Soße damit binden. Würzen und mit dem Fleisch servieren.

ZUTATEN

4 Schweineschnitzel

1 EL Rapsöl

Salz, Pfeffer

4 Scheiben Roggenbrot

150 g Blauschimmelkäse

200 g gemischte Pilze

1 EL Butter

100 g roh geräuchertes Wammerl

1 EL Mehl

Fränkisches
BAUERNPFANDL

Die Bohnen waschen und putzen. In der Gemüsebrühe weich kochen und abgießen.

Das Wammerl in kleine, dünne Scheiben schneiden. Die Würstl halbieren. Die Zwiebel schälen, vierteln und in grobe Streifen schneiden. Den Mais abtropfen lassen.

Das Wammerl ohne Fettbeigabe anbraten. Die Würstl dazugeben und hellbraun braten. Zwiebel und Mais zufügen und weiterbraten.

Die Tomaten waschen und vierteln. Die Frühlingszwiebeln putzen, waschen und in Ringe schneiden. Beides mit den Bohnen zum Pfandl geben und kurz mitbraten.

Pikant würzen und mit Brot servieren.

ZUTATEN

500 g grüne Bohnen

400 ml Gemüsebrühe

150 g roh geräuchertes Wammerl

14 Nürnberger Bratwürstl

1 rote Zwiebel

1 kleine Dose Mais (à 140 g)

150 g Datteltomaten

2 Frühlingszwiebeln

Salz, Pfeffer

Deftiger KARTOFFELKUCHEN

ZUTATEN

500 g festkochende
Kartoffeln

9 Nürnberger Bratwürstl

1 EL Rapsöl

200 g Romadur (40 %)

200 g Schmand

100 g Sauerrahm

2 Eier

Salz, Pfeffer

1 EL Kräuter

1 Rolle Blätterteig
(Kühlregal)

Die Kartoffeln in der Schale weich kochen. Abkühlen lassen, schälen und in kleine Würfel schneiden.

Die Würstl in Stücke schneiden und im heißem Öl anbraten. Den Romadur würfeln.

Schmand, Sauerrahm, Eier, Gewürze und Kräuter miteinander verrühren.

Den Blätterteig entrollen und etwas ausrollen. Eine gefettete Springform (28 cm Ø) damit auslegen. Kartoffeln, Würstl und Käse darauf verteilen. Mit der Schmandcreme übergießen und backen.

Backzeit: 40 bis 50 Min. bei 190 °C (170 °C)

G'schmackiger KASKUCHEN

HEFETEIG

350 g Mehl

Salz

20 g Hefe

3 EL Rapsöl

⬦⬦⬦⬦⬦⬦⬦⬦⬦⬦⬦⬦⬦⬦⬦⬦⬦⬦⬦⬦

BELAG

1 Bund Frühlingszwiebeln

200 g Sauerrahm

Salz, Pfeffer

150 g roh geräuchertes
Wammerl

200 g Rotschmierkäse, z. B.
Romadur oder Weinkäse

Für den Hefeteig das Mehl mit dem Salz in eine Schüssel geben. Die Hefe darüber zerbröseln, das Öl und 150 bis 200 ml lauwarmes Wasser darübergeben. Mit den Knethaken des Handrührgerätes durchkneten. Zugedeckt *30 Min.* gehen lassen.

Für den Belag die Frühlingszwiebeln putzen, waschen und in Ringe schneiden. Die Hälfte davon mit dem Sauerrahm verrühren und würzen. Das Wammerl in dünne Scheiben schneiden. Den Käse ebenfalls in Scheiben schneiden.

Den Teig nochmals durchkneten und auf einem mit Backpapier ausgelegten Backblech ausrollen. Den Sauerrahm darauf verstreichen. Mit dem Wammerl und dem Käse belegen und backen.

Backzeit: 30 Min. bei 180 °C (160 °C)

Die restlichen Frühlingszwiebeln über den fertigen Kaskuchen streuen.

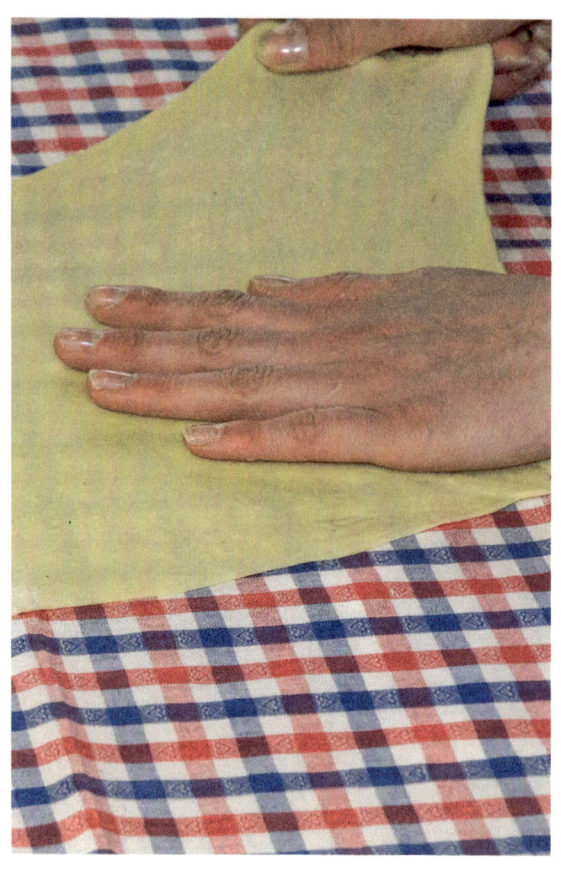

KARTOFFELSTRUDEL
mit Gmias

Aus den Teigzutaten und 125 ml Wasser einen Strudelteig herstellen. Teig zur Kugel formen und unter einer mit heißem Wasser ausgespülten Schüssel *20 Min.* ruhen lassen.

In der Zwischenzeit die Kartoffeln schälen und klein würfeln. Gelbe Rüben und Wurzelpetersilien schälen und fein würfeln. Die Kartoffeln in Salzwasser knapp bissfest kochen. Kurz vor Ende der Garzeit das Gemüse zufügen und mitkochen. Abgießen und kurz abkühlen lassen.

Den Teig in zwei bis drei Portionen teilen, flach drücken und ausrollen. Mit den Händen weiter ausziehen.

Kartoffeln und Gemüse mit den restlichen Zutaten für die Füllung mischen. Auf den ausgezogenen Strudelteigen verteilen und diese aufrollen. Auf ein mit Backpapier ausgelegtes Backblech legen, mit einem Teil der geschmolzenen Butter bestreichen und backen.

Backzeit: ca. 30 bis 40 Min. bei 180 °C (160 °C)

Während des Backens immer wieder mit der Butter bestreichen.

Tipp: Den Teig immer auf einem Geschirrtuch ausziehen, so kann man den Strudel am besten aufrollen und ihn dann auf das Backblech rollen.

STRUDELTEIG

250 g Mehl

1 Prise Salz

1 Prise Zucker

1 Ei

2 EL neutrales Öl

1 EL Essig

FÜLLUNG

250 g Kartoffeln

2 Gelbe Rüben

2 Wurzelpetersilien

100 g Crème fraîche

150 g geriebener Bergkäse

1 Ei

Salz, Pfeffer

1 EL gehackte Kräuter

ZUM BESTREICHEN

50 g geschmolzene Butter

KNÖDEL-TRIS

ZUTATEN

10 Semmeln vom Vortag

1 Rote Bete (gekocht)

½ Bund Bärlauch
oder Rucola

300 ml Milch

100 g Bergkäse

6 Eier

Salz, Pfeffer

evtl. Semmelbrösel

✧✧✧✧✧✧✧✧✧✧✧✧✧✧✧✧✧✧✧✧✧✧✧✧

ZUM ANRICHTEN

80 g Butter

50 g geriebener Bergkäse

Die Semmeln in kleine Würfel schneiden und in drei Portionen aufteilen.

Die Rote Bete schälen und klein schneiden. Mit 100 ml warmer Milch pürieren und über eine Semmelportion geben.

Den Bärlauch (Rucola) waschen und mit 100 ml Milch aufkochen. Mit der Milch pürieren und über die zweite Semmelportion geben.

Die restliche Milch erwärmen, über die dritte Semmelportion geben. Den Käse fein würfen und dazugeben.

Zu jeder Semmelmasse 2 Eier geben, würzen und verkneten. Sollte der Teig zu weich sein, Semmelbrösel zufügen.

Mit einem Löffel Nocken formen und diese in leicht siedendem Salzwasser *ca. 10 Min.* ziehen lassen.

Die Butter bräunen. Die abgetropften Nocken mit der Butter beträufeln und mit Käse bestreut servieren.

KRAUTKRAPFEN

NUDELTEIG

400 g Mehl

Salz

3–4 Eier

✧✧✧✧✧✧✧✧✧✧✧✧✧✧✧✧✧✧✧✧✧✧✧✧

FÜLLUNG

600 g Sauerkraut

150 g roh geräuchertes
Wammerl

Kümmel

Butterschmalz zum Anbraten

ca. 300 ml Brühe

✧✧✧✧✧✧✧✧✧✧✧✧✧✧✧✧✧✧✧✧✧✧✧✧

ZUM ANRICHTEN

1 EL Schnittlauch

... eine Allgäuer Spezialität.

Aus den Teigzutaten und 4 bis 5 EL Wasser einen Nudelteig zubereiten. In zwei Portionen teilen und zugedeckt *30 Min.* ruhen lassen.

Das Sauerkraut ausdrücken. Das Wammerl fein würfeln und ohne Fettbeigabe knusprig braten. Das Sauerkraut zufügen und *10 Min.* dünsten. Mit dem Kümmel abschmecken und abkühlen lassen.

Die Teigportionen jeweils ausrollen. Das abgekühlte Sauerkraut auf den Teigplatten verteilen und diese aufrollen. In gleichmäßige Stücke schneiden. Im heißen Butterschmalz rundum anbraten. In eine Auflaufform setzen, mit der Brühe aufgießen und backen.

Backzeit: ca. 30 Min. bei 180 °C (160 °C)

Mit Schnittlauch bestreut servieren.

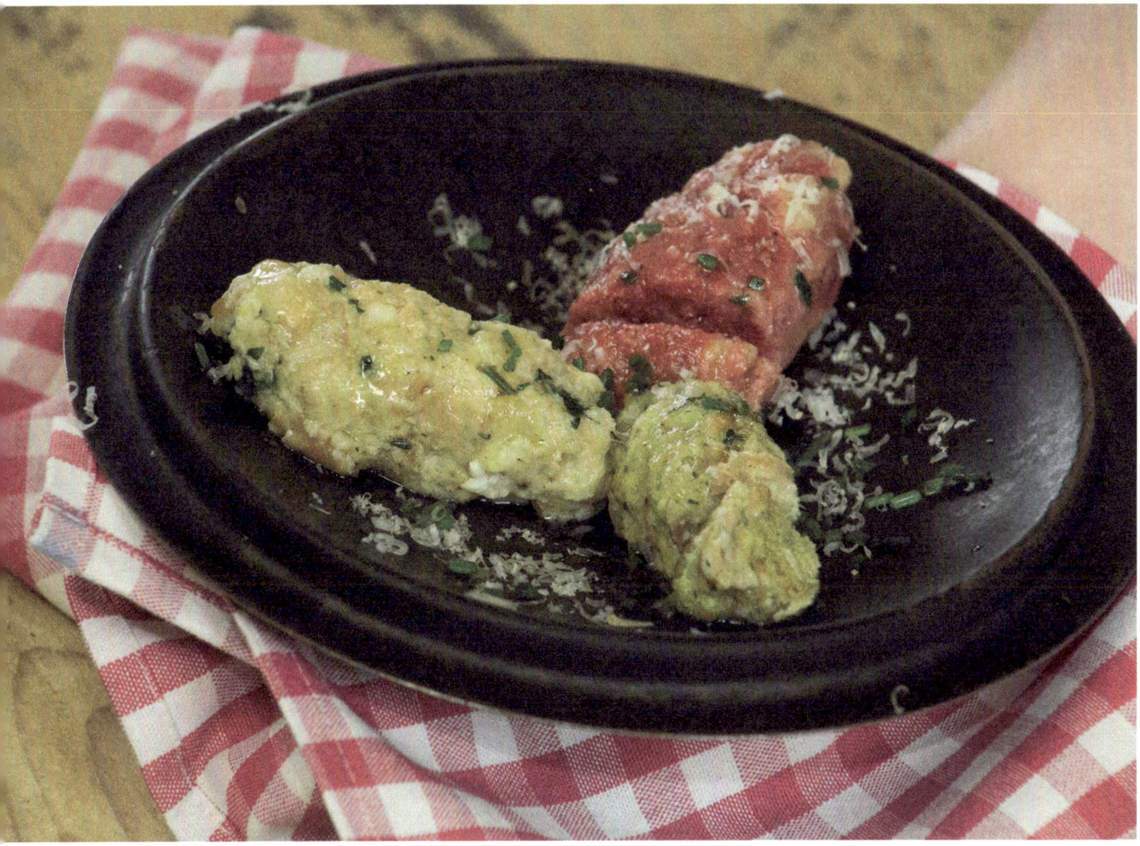

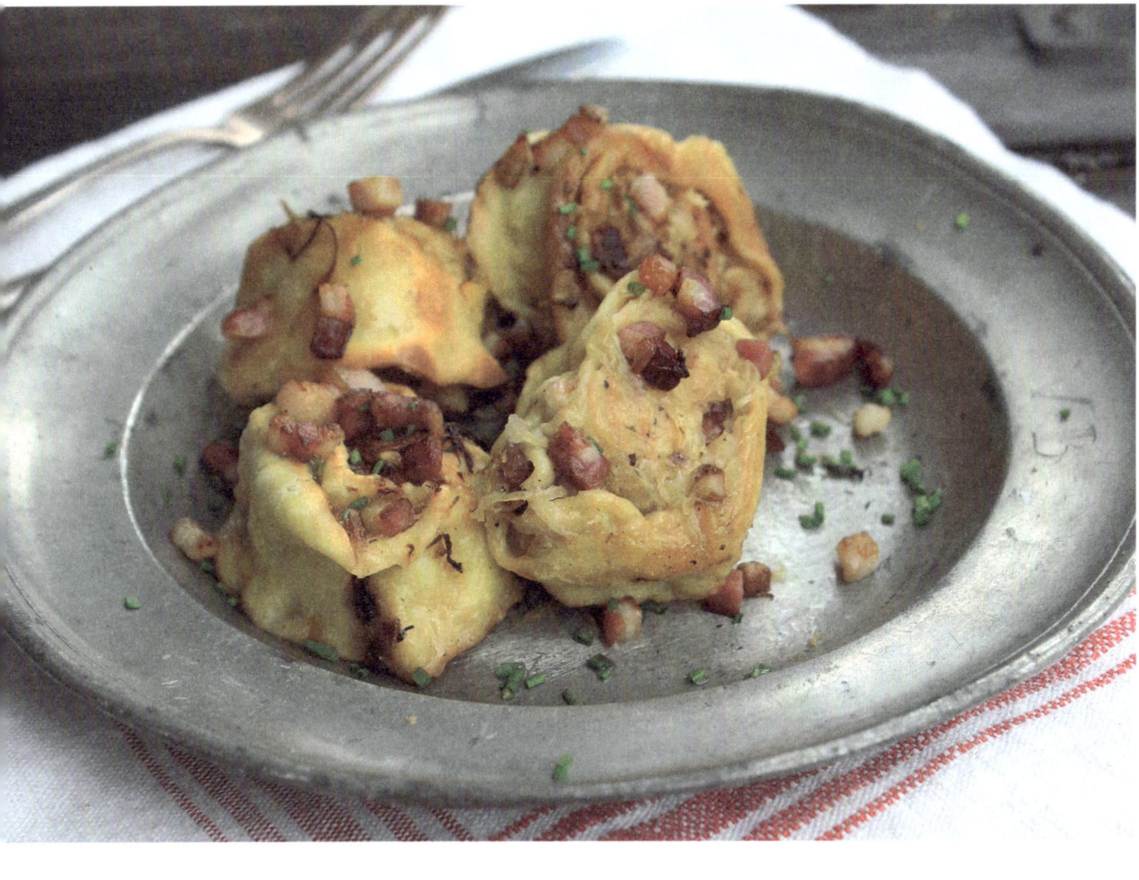

NUDELTASCHERL

NUDELTEIG

600 g Mehl

Salz

4 Eier

◇◇◇◇◇◇◇◇◇◇◇◇◇◇◇◇◇◇◇◇◇◇◇◇

FÜLLUNG

50 g Blauschimmelkäse

150 g Frischkäse

50 g geriebener Bergkäse

◇◇◇◇◇◇◇◇◇◇◇◇◇◇◇◇◇◇◇◇◇◇◇◇

ZUM ANRICHTEN

50 g Butter

Schnittlauch

Aus den Teigzutaten und 5 EL kaltem Wasser einen Nudelteig kneten. Bei Bedarf noch Wasser zufügen. Der Teig sollte elastisch und außen seidig glänzend sein. Zugedeckt *30 Min.* ruhen lassen.

Für die Füllung den Blauschimmelkäse mit einer Gabel zerdrücken. Mit Frischkäse und Bergkäse mischen.

Den Teig dünn ausrollen und runde Plätzchen (8–10 cm Ø) ausstechen. Auf die Hälfte der Plätzchen etwas Füllung geben. Jeweils mit einem zweiten Plätzchen bedecken und am Rand festdrücken.

In leicht siedendem Salzwasser *5 bis 8 Min.* ziehen lassen.

Die Butter schmelzen und leicht bräunen lassen. Die abgetropften Nudeltascherl mit der Butter und dem Schnittlauch anrichten.

Nürnberger
KARTOFFELSUPPN

ZUTATEN

1 kg mehligkochende Kartoffeln

1 Stange Lauch

2 Zwiebeln

3 EL Rapsöl

100 ml Weißwein

1–1,5 l Gemüsebrühe

Salz, Pfeffer, geriebene Muskatnuss, Majoran, gemahlener Kümmel, Chiliflocken

10 Nürnberger Bratwürstl

1 EL Rapsöl

Die Kartoffeln schälen und in Würfel schneiden. Den Lauch putzen, waschen und in Ringe schneiden. 1 EL Lauchringe für die Garnitur beiseitestellen. Die Zwiebeln schälen und fein würfeln.

Zwiebeln, Lauch und Kartoffeln im heißen Öl anbraten. Mit Wein und 1 l Brühe aufgießen und weich kochen.

Die Suppe mit einem Stabmixer pürieren und pikant würzen. Bei Bedarf noch etwas Brühe zufügen.

Würstl im heißen Öl goldbraun braten. In Scheiben schneiden und zur Suppe geben. Nochmals kurz erhitzen und mit den Lauchringen garnieren.

Tipp: Ein ideales Gericht für viele Gäste. Einfach die Suppn ein, zwei Tage vorher zubereiten. Die Würstl frisch anbraten und mit der heißen Suppn servieren.

RINDSROULADEN
vom bayerischen Ox

ZUTATEN

4 Rindsrouladen

Salz, Pfeffer

FÜLLUNG

1 Zwiebel

2 Essiggurken

200 g gemischtes Hackfleisch

100 g geriebener
Emmentaler oder Bergkäse

1 EL Tomatenmark

2 TL Kräutersenf

Salz, Pfeffer

½ TL Majoran

2 EL Rapsöl

300 ml Gemüsebrühe

1 EL Mehl

Die Rouladen auf beiden Seiten würzen.

Die Zwiebel schälen und klein schneiden. Die Essiggurken
in Streifen schneiden.

Das Hackfleisch mit dem Käse, Tomatenmark, Senf,
Gewürzen und Majoran vermengen. Die Rouladen mit der
Füllung bestreichen. Zwiebeln und Gurkenstreifen darauf
verteilen. Die Rouladen zusammenrollen und mit Zahnstochern feststecken.

Im heißen Öl kräftig anbraten, mit der heißen Brühe
aufgießen und *40 bis 50 Min.* zugedeckt schmoren.

Die Rouladen entnehmen. Das Mehl mit etwas kaltem
Wasser anrühren und die Soße damit binden. Einmal
aufkochen und bei Bedarf nachwürzen. Die Rouladen
in die Soße geben und *10 Min.* ziehen lassen.

Tipp:

Dazu passen Kartoffelpflanzerl (Rezept S. 48) oder Spätzle.

SAIBLING
mit feiner Mandelbutter

ZUTATEN

4 Saiblinge

Salz, Pfeffer

Zitronensaft

50 g Butter

3 EL Mandelblättchen

Die Saiblinge waschen und trocken tupfen. Die Innenseite würzen und mit Zitronensaft beträufeln. Die Fische auf ein mit Backpapier ausgelegtes Backblech legen und im Backofen grillen.

Grillzeit: ca. 20 Min. bei 200 °C

Nach der Hälfte der Grillzeit wenden.

Die Butter schmelzen und leicht bräunen lassen. Die Fische während des Grillens hin und wieder damit bestreichen.

In der restlichen Butter die Mandeln goldbraun rösten. Über die Fische verteilen und mit Salzkartoffeln servieren.

Tipp:

Wenn die Augen milchig-weiß sind oder die Bauch- bzw. Rückenflosse ganz leicht herausgezogen werden kann, ist der Fisch fertig.

A bisserl a Fischkunde

Heimischer Fisch, und davon gibt es einigen, erfreut sich immer größerer Beliebtheit. Irgendjemand hat sich mal die Mühe gemacht und die Fischarten gezählt. Es sind sage und schreibe etwa 70! Die bekanntesten darunter sind die Forelle, der Saibling, die Renke und in Franken natürlich der Karpfen. Wirklich alle sind wohlschmeckende Speisefische, egal ob gebraten, gedünstet oder gegrillt.

Die bekannten drei „S"

Säubern, säuern und salzen. Nun ja, das sind schon ein bisserl Relikte aus früheren Zeiten. Heutzutage bekommt man beim Fischhändler seines Vertrauens wunderbar vorbereitete Fische oder Filets. Früher hieß es, mit dem Säuern wolle man unliebsame Fischgerüche bei älteren Fischen vertreiben. Das stimmt so nicht, durch das Säuern bindet man das Eiweiß des Fisches und er zerfällt nicht so leicht. Tja und vom Salzen vor dem Braten, besonders bei Filets, ist man ganz weggekommen. Der Fisch zieht dabei viel zu viel Wasser. Daher immer erst anbraten und dann würzen.

SAIBLING
in Rieslingsoße

ZUTATEN

8 Saiblingfilets

2 EL Rapsöl

Salz, Pfeffer

⬦⬦⬦⬦⬦⬦⬦⬦⬦⬦⬦⬦⬦⬦⬦⬦⬦⬦⬦⬦

SOSSE

1 EL Butter

1 EL Mehl

150 ml Riesling

100 ml Gemüsebrühe

50 g Sahne

1 TL Kräutersenf

Salz, Pfeffer

1 TL Kräuter

Die Fischfilets im heißen Öl auf beiden Seiten, zuerst jedoch mit der Hautseite, jeweils *4 Min.* braten und würzen.

Für die Rieslingsoße die Butter schmelzen und das Mehl darin anschwitzen. Wein und Brühe zugießen und *5 Min.* köcheln lassen. Die Sahne zugeben. Mit Senf, Gewürzen und Kräutern abschmecken.

Den Fisch mit der Soße anrichten.

Dazu passen sehr gut Salzkartoffeln und gedünstete Gemüsestreifen.

Tipp: Fischfilets mit Haut immer zuerst mit der Hautseite anbraten, dann fällt das Filet nicht mehr auseinander.

ZUTATEN

*4 Schnitzel
(Schwein oder Pute)*

Salz, Pfeffer

100 g Camembert

*2–3 EL Preiselbeeren
(aus dem Glas)*

⬦⬦⬦⬦⬦⬦⬦⬦⬦⬦⬦⬦⬦⬦⬦⬦⬦⬦⬦⬦

PANADE

2 Eier

1 EL Sahne

Kräutersalz

Mehl

Semmelbrösel

*Butterschmalz
zum Ausbacken*

SCHNITZEL
mit Camembert

Die Schnitzel flach klopfen und auf beiden Seiten würzen.

Den Camembert in dünne Scheiben schneiden und die Schnitzel damit belegen. Die Preiselbeeren darüber verteilen.

Die Schnitzel zusammenklappen und mit Zahnstochern feststecken.

Die Eier mit der Sahne verquirlen und mit Kräutersalz würzen. Die Schnitzel erst in Mehl, dann in den Eiern und zum Schluss in Semmelbröseln wenden. In reichlich heißem Butterschmalz von beiden Seiten goldbraun backen.

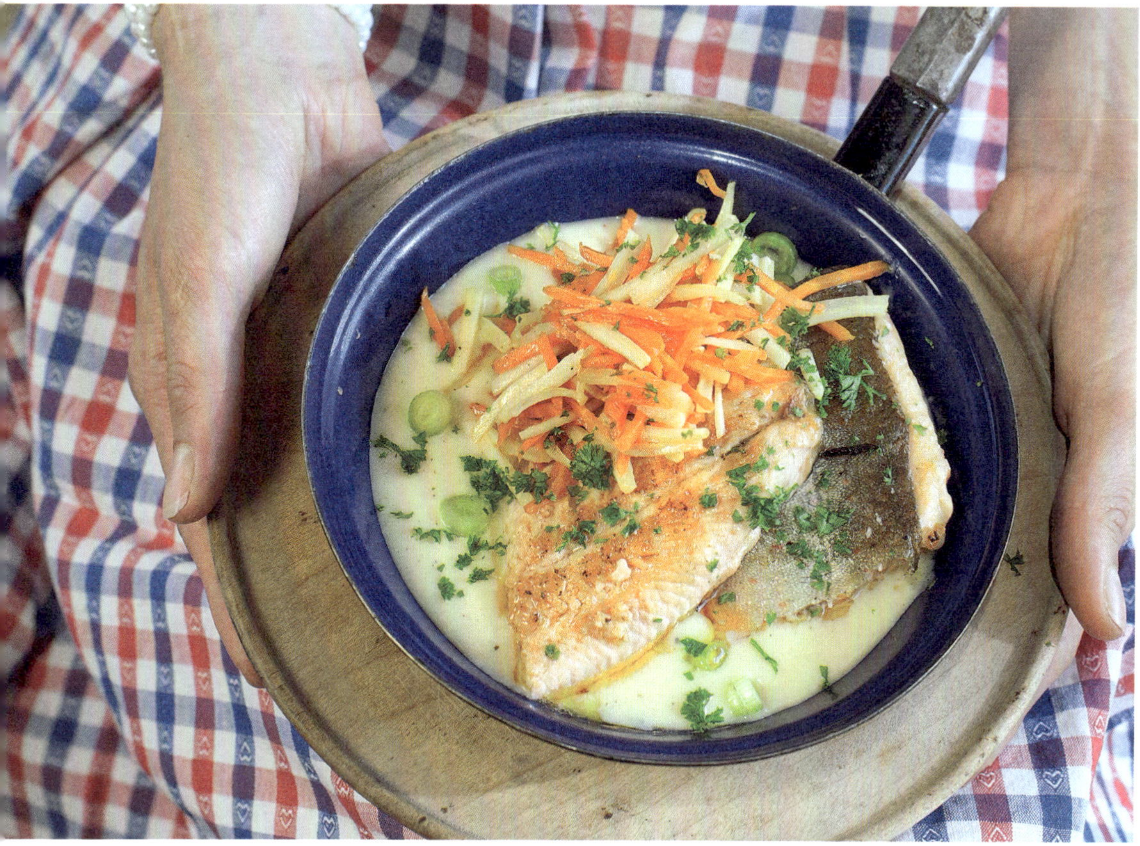

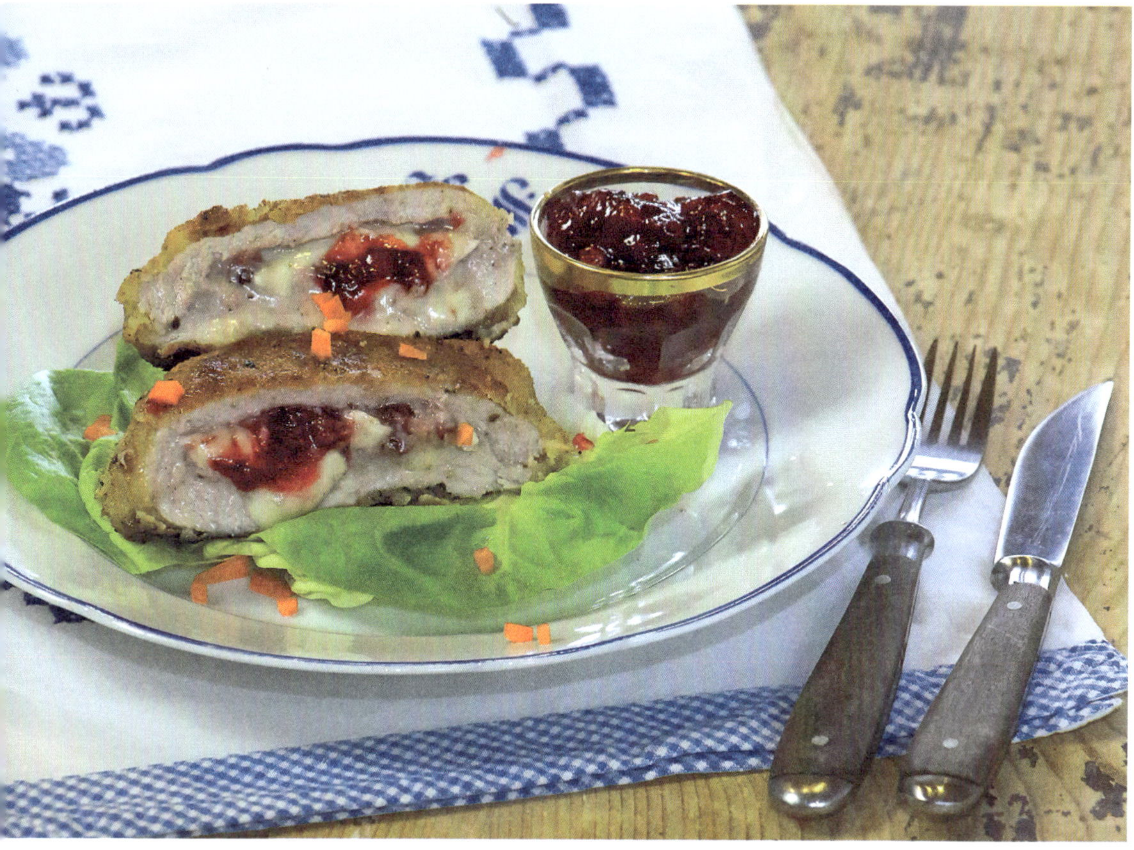

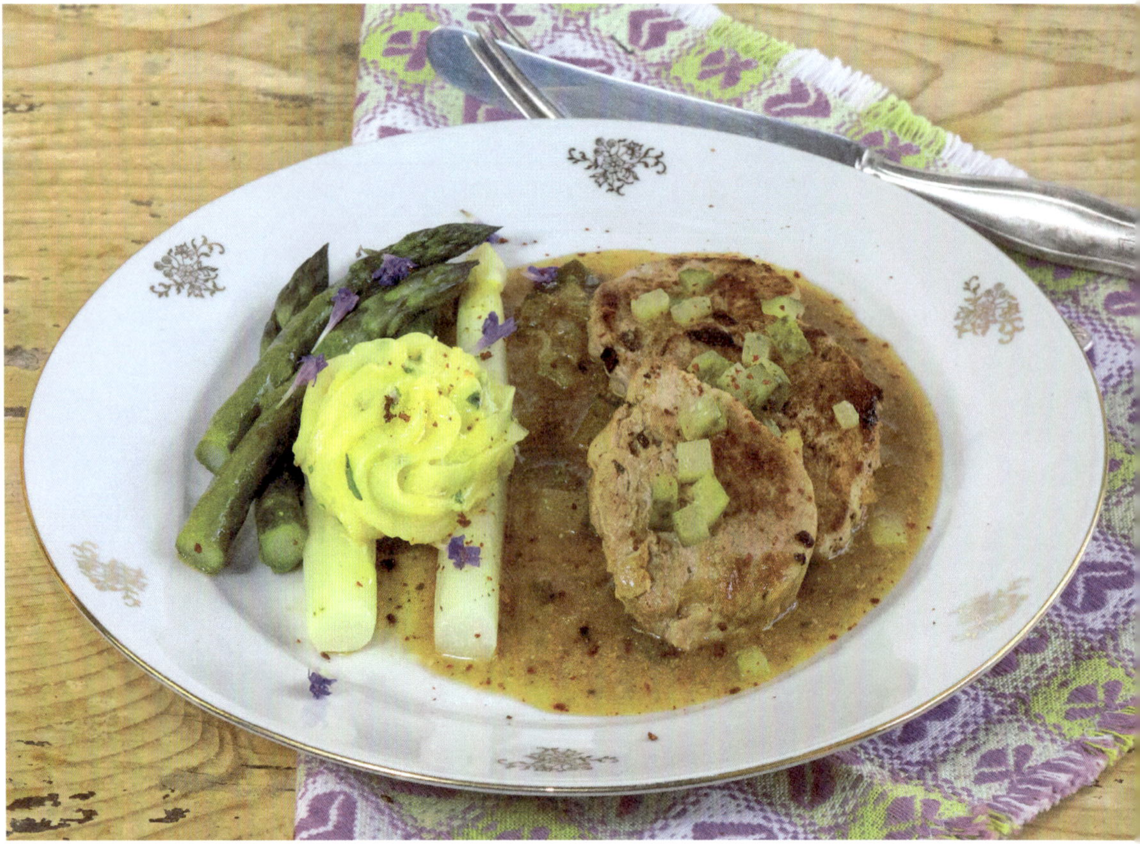

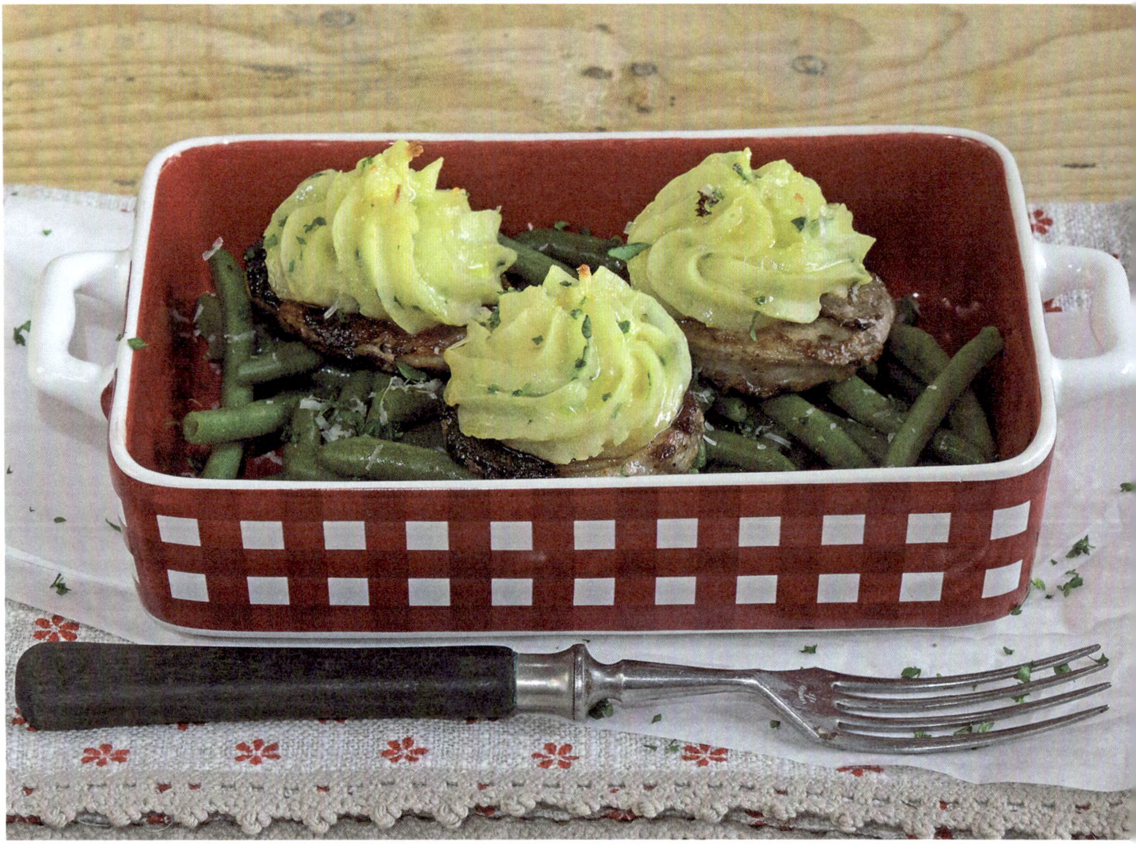

SCHWEINEFILET
in Senfsoße

Das Schweinefilet in 2 cm dicke Scheiben schneiden. In der heißen Butter jede Seite etwa *4 Min.* braten. Würzen und warm stellen.

Die Schalotten schälen und sehr fein hacken. Im Bratensatz leicht andünsten. Die Essiggurken würfeln, mit der Sahne, dem Senf und dem Essig verrühren. Zu den Schalotten geben und *ca. 4 Min.* unter ständigem Rühren köcheln lassen.

Die Filets mit der Soße anrichten. Mit Gemüse der Saison servieren.

ZUTATEN

500 g Schweinefilet

1 EL Butter

Salz, Pfeffer

◇◇◇◇◇◇◇◇◇◇◇◇◇◇◇◇◇◇◇◇◇◇◇◇◇◇◇◇◇

SOSSE

2 Schalotten

5 Essiggurken

200 g Sahne

2 EL süßer Senf

1 EL Weißweinessig

... und mit Häubchen

Die Kartoffeln in der Schale weich kochen. Schälen und sofort durch eine Kartoffelpresse drücken. Auskühlen lassen.

Die Bohnen waschen und putzen. In der Gemüsebrühe garen. Abgießen und in eine gefettete Auflaufform geben.

Das Fleisch würzen und im heißen Öl von beiden Seiten braten. Auf den Bohnen verteilen.

Den Bratensatz mit etwas Wasser lösen. Mehl mit kaltem Wasser verrühren und die Soße damit binden. Mit Salz und Pfeffer würzen.

Die Milch mit der Butter erwärmen und mit dem Käse und den Kräutern zu den Kartoffeln geben. Gut miteinander vermengen und mit Salz und Muskatnuss pikant würzen.

Die Masse in einen Spritzbeutel mit großer Tülle geben. Auf jede Fleischscheibe eine große Rosette spritzen und überbacken.

Backzeit: 15 Min. bei 200 °C (180 °C)

Mit der Soße servieren.

ZUTATEN

400 g mehligkochende Kartoffeln

500 g grüne Bohnen

300 ml Gemüsebrühe

12–16 Scheiben Schweinefilet

Salz, Pfeffer, Paprikapulver

1 EL Rapsöl

1 EL Mehl

3 EL Milch

2 EL Butter

50 g geriebener Käse

1 EL gehackte Kräuter

geriebene Muskatnuss

WEISSWURST-
Kartoffelauflauf

ZUTATEN

*800 g festkochende
Kartoffeln*

500 g Weißwurstbrät

1 Ei

1 Bund Frühlingszwiebeln

◇◇◇◇◇◇◇◇◇◇◇◇◇◇◇◇◇◇◇◇◇◇

GUSS

150 g Sahne

50 ml Milch

Salz, Pfeffer

30 g Butter

Die Kartoffeln schälen und in dünne Scheiben hobeln. Das Weißwurstbrät mit dem Ei verrühren. Die Frühlingszwiebeln putzen, waschen und in Ringe schneiden.

Kartoffeln, Frühlingszwiebeln und Brät in eine gefettete Auflaufform schichten.

Sahne und Milch mischen und kräftig würzen. Über den Auflauf gießen. Mit Butterflöckchen belegen und backen.

Backzeit: 80 bis 90 Min. bei 200 °C (180 °C)

Damit der Auflauf nicht zu dunkel wird, am besten nach der Hälfte der Backzeit mit Alufolie abdecken.

Tipp: Bestellen Sie Weißwurstbrät bei Ihrem Metzger. Sollte das nicht möglich sein, den Auflauf mit in Scheiben geschnittenen Weißwürsten oder Leberkäsbrät zubereiten.

... und als Ragout

ZUTATEN

2 Zwiebeln

6 Weißwürste

300 g braune Champignons

2 EL Rapsöl

2 EL Mehl

200 ml Bier

Salz, Pfeffer, Paprikapulver

1 EL Thymian

200 g Sahne

1 EL Weißwurstsenf

Die Zwiebeln schälen und in feine Würfel schneiden. Die Würste häuten und in Scheiben schneiden. Die Pilze putzen und vierteln.

Zwiebeln und Wurstscheiben im heißen Öl anbraten. Die Pilze zufügen und kurz mitbraten. Mit dem Mehl bestäuben und das Bier zugießen. 5 Min. leicht köcheln lassen.

Das Ragout pikant abschmecken, Sahne und Senf unterrühren. Mit Brezen servieren.

WINZERSTEAK

ZUTATEN

2 rote Zwiebeln

8 dünne Scheiben roh geräuchertes Wammerl

4 Scheiben Halsgrat

Salz, Pfeffer

1–2 EL Mehl

125 ml Rotwein

150 g blaue Weintrauben ohne Kerne

◇◇◇◇◇◇◇◇◇◇◇◇◇◇◇◇◇◇◇◇◇◇◇◇

ZUM ANRICHTEN

Schnittlauch

Die Zwiebeln schälen und in Streifen schneiden. 4 Scheiben Wammerl ebenfalls in Streifen schneiden.

Restliche Wammerlscheiben mit den Zwiebel- und Wammerlstreifen ohne Fettbeigabe knusprig anbraten und aus der Pfanne nehmen.

Die Fleischscheiben im ausgelassenen Fett von beiden Seiten braten. Würzen und mit dem Mehl bestäuben. Mit dem Rotwein und 100 ml Wasser aufgießen und 5 Min. leicht köcheln lassen.

Die Weintrauben waschen und mit den Zwiebeln und dem Wammerl zur Soße geben. Nochmals abschmecken und mit dem Schnittlauch bestreuen.

Einfach ein gutes Bauernbrot dazu oder Bratkartoffeln.

BRATKARTOFFELN
aus dem Ofen

Eine beliebte Beilage, die wir etwas abgewandelt haben. Normalerweise heißt es ja, immer Pellkartoffeln vom Vortag verwenden. Doch wer weiß denn schon immer am Vortag, was er am nächsten Tag kochen wird?

Darum bereiten wir Bratkartoffeln aus rohen, festkochenden Kartoffeln zu. Diese schälen, würfeln und mit Rapsöl und Salz mischen. Für 1 kg Kartoffeln reichen 2 EL Rapsöl. Auf einem mit Backpapier ausgelegten Backblech verteilen und im Backofen bei *190 °C (170 °C) ca. 45 Min.* garen. Die Kartoffeln dabei mehrmals wenden.

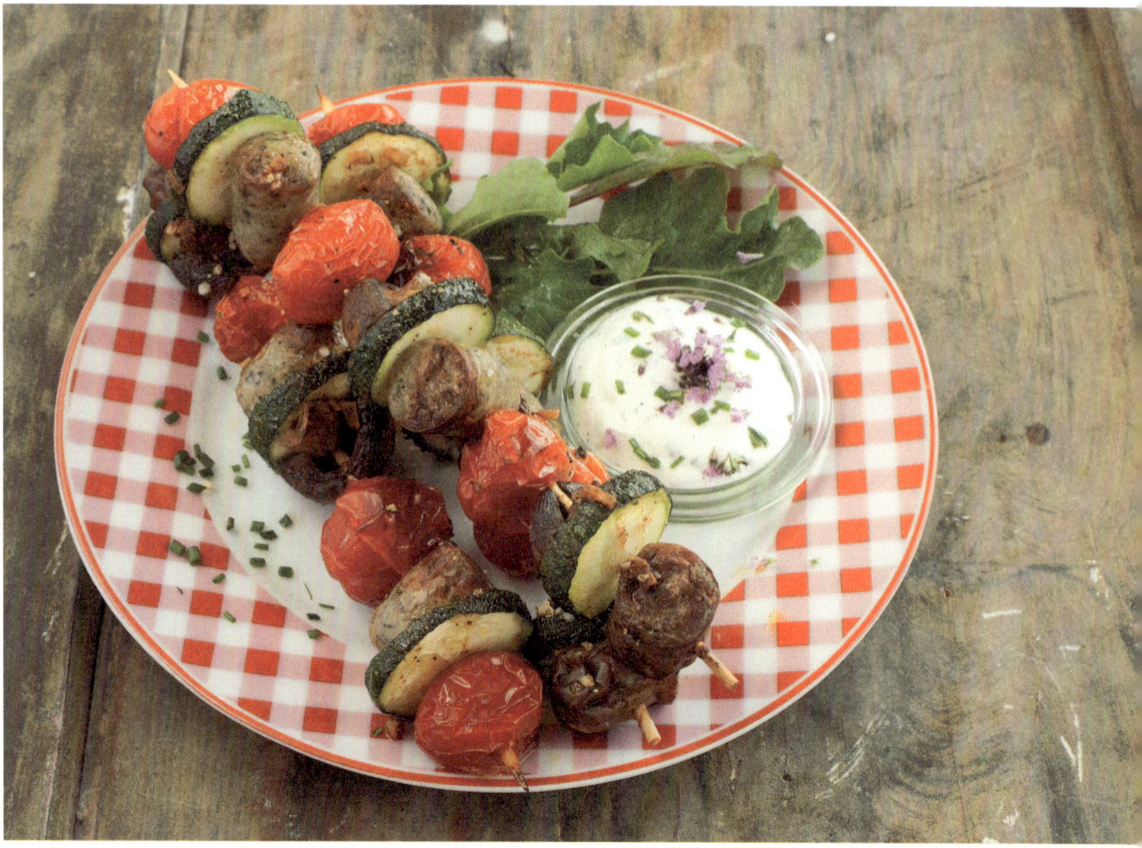

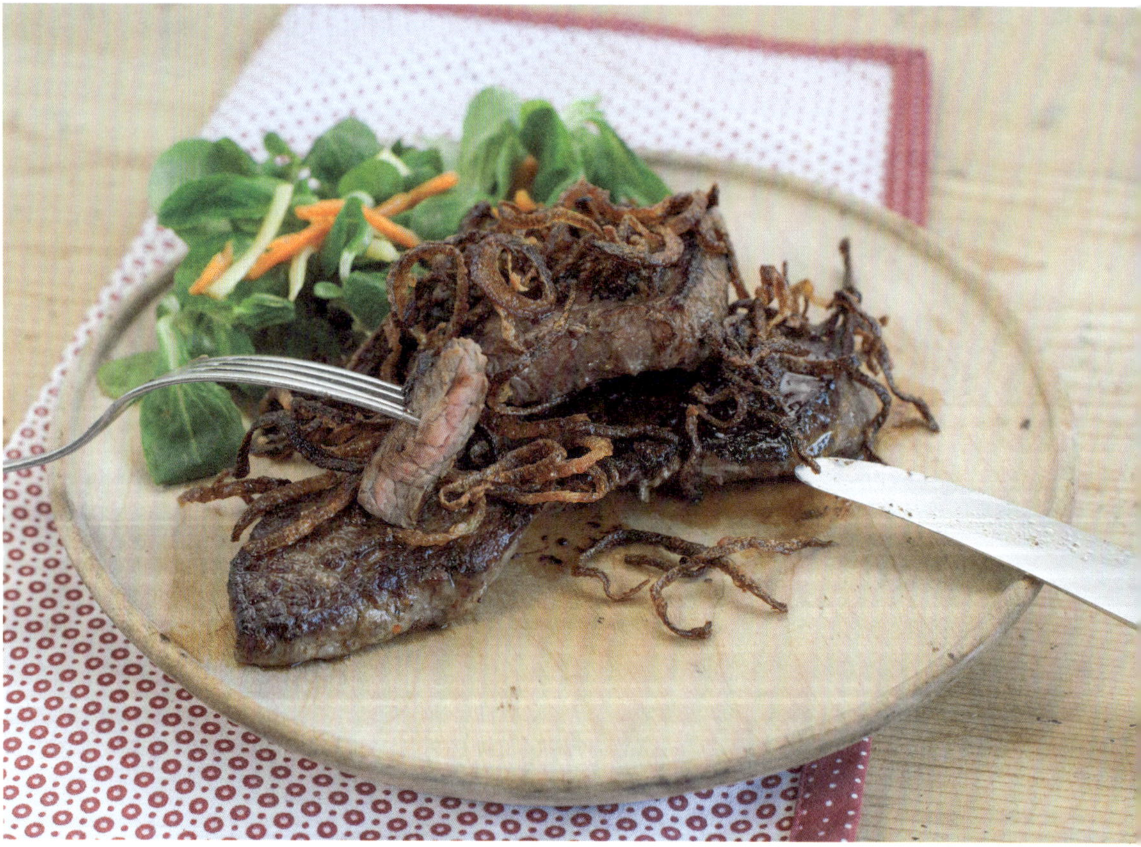

WURSTSPIESSERL
aus dem Ofen

Die Würstl jeweils dritteln. Die Zucchini waschen, putzen und in Scheiben schneiden. Die Champignons putzen und halbieren. Die Tomaten waschen.

Würstl und Gemüse abwechselnd auf 12 Schaschlikspieße stecken und in eine Auflaufform legen.

Zwiebel und Knoblauch schälen und fein würfeln. Mit den restlichen Zutaten für die Marinade verrühren. Über die Spieße geben und backen.

Backzeit: 30 bis 35 Min. bei 200 °C (180 °C)

Tipp: Mit einem Joghurt-Kräuterdip servieren.

ZUTATEN

12 Nürnberger Bratwürstl

2 Zucchini

12 braune Champignons

350 g Datteltomaten

MARINADE

1 Zwiebel

1 Knoblauchzehe

4 EL Rapsöl

Salz, Pfeffer, Paprikapulver

ZWIEBELROSTBRATEN

Die Steaks würzen und in heißem Öl von beiden Seiten jeweils *2 Min.* kräftig anbraten. Eine Auflaufform vorwärmen. Die Steaks in die Auflaufform geben und im Backofen fertig garen.

Backzeit: 30 bis 40 Min. bei 80 °C Ober-/Unterhitze

Die Zwiebeln schälen und in feine Ringe schneiden. Mit Küchenkrepp trockentupfen. Mehl und Paprikapulver mischen und die Zwiebelringe darin wenden. Überschüssiges Mehl abklopfen.

Reichlich Butterschmalz erhitzen und die Zwiebelringe darin zunächst bei mittlerer Hitze *ca. 5 Min.* glasig dünsten. Dann die Temperatur etwas erhöhen und die Ringe knusprig rösten. Dabei immer wieder mit einer Gabel vorsichtig auseinander ziehen und wenden. Die fertigen Zwiebeln aus dem Fett nehmen und auf Küchenkrepp kurz abtropfen lassen.

Die Steaks mit den Zwiebeln anrichten.

Niedrigtemperaturgaren eignet sich hervorragend, wenn Gäste nicht ganz pünktlich kommen.

ZUTATEN

4 Rindersteaks (Entrecôte)

Salz, Pfeffer

Rapsöl zum Braten

RÖSTZWIEBELN

2–3 Zwiebeln

2–3 EL Mehl

Paprikapulver

Butterschmalz zum Ausbacken

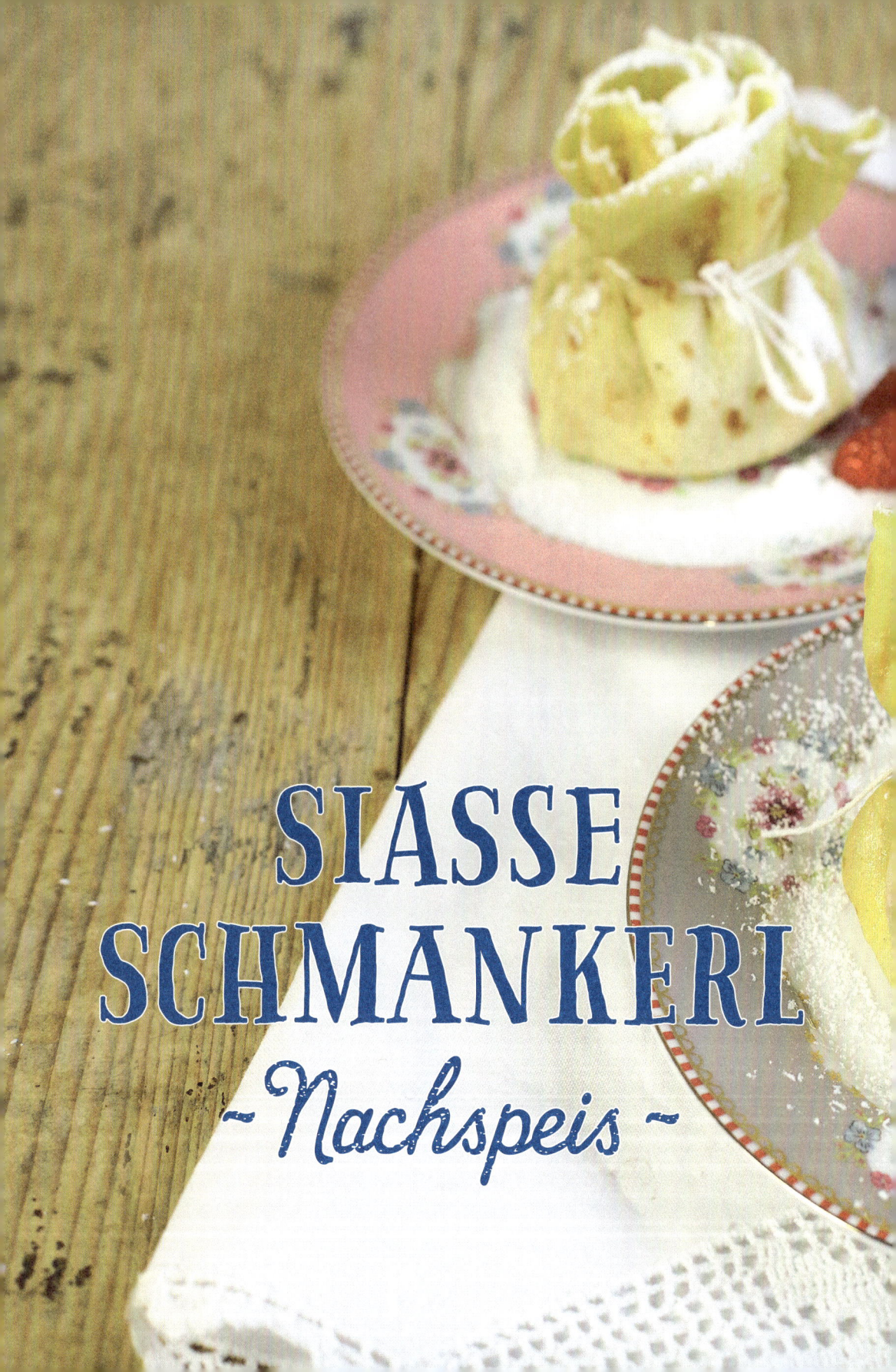

SIASSE SCHMANKERL

~ Nachspeis ~

APPFEL- 🍎
Butterkuchen

HEFETEIG

200 ml Milch

50 g Butter

20 g Hefe

400 g Mehl

50 g Zucker

1 Ei

◇◇◇◇◇◇◇◇◇◇◇◇◇◇◇◇◇◇◇◇◇◇

FÜLLUNG

2–3 Äpfel

50 g Butter

◇◇◇◇◇◇◇◇◇◇◇◇◇◇◇◇◇◇◇◇◇◇

ZUM BESTREICHEN

30 g geschmolzene Butter

◇◇◇◇◇◇◇◇◇◇◇◇◇◇◇◇◇◇◇◇◇◇

ZUM BESTREUEN

2 EL Zucker

Für den Hefeteig die Milch mit der Butter leicht erwärmen und die Hefe darin auflösen. Die restlichen Zutaten für den Hefeteig in einer Schüssel mischen. Die Hefemilch mit den Knethaken des Handrührgerätes gut unterkneten.

Zugedeckt an einem warmen Ort *45 Min.* gehen lassen.

Die Äpfel schälen, vierteln, entkernen und klein würfeln.

Den Hefeteig nochmals durchkneten und die Apfelwürfel unterkneten. Eine gefettete Tarte- oder Springform damit auslegen.

Die Butter in kleine Stücke schneiden, tief in den Teig drücken und backen.

Backzeit: 35 Min. bei 180 °C (160 °C)

Während des Backens den Kuchen 2 bis 3 Mal mit der geschmolzenen Butter bestreichen.

Den heißen Kuchen nochmals mit Butter bestreichen und mit dem Zucker bestreuen.

APFELDATSCHI

HEFETEIG:

150 ml Milch

40 g Butter

20 g Hefe

300 g Mehl

40 g Zucker

1 Ei

◇◇◇◇◇◇◇◇◇◇◇◇◇◇◇◇◇◇◇◇◇◇

BELAG

200 g Schmand

2 EL Zucker

3 Äpfel

50 g gehackte Walnüsse

◇◇◇◇◇◇◇◇◇◇◇◇◇◇◇◇◇◇◇◇◇◇

GUSS

150 g Puderzucker

2 EL Zitronensaft

Für den Hefeteig die Milch mit der Butter leicht erwärmen und die Hefe darin auflösen. Die restlichen Zutaten für den Hefeteig in einer Schüssel mischen. Die Hefemilch mit den Knethaken des Handrührgerätes gut unterkneten. Zugedeckt an einem warmen Ort *45 Min.* gehen lassen.

Den Teig nochmals durchkneten und auf einem mit Backpapier ausgelegten Backblech ausrollen.

Den Schmand mit dem Zucker verrühren und auf dem Teig verstreichen.

Die Äpfel waschen, vierteln, entkernen und klein schneiden. Über den Schmand verteilen. Die Nüsse darüberstreuen und backen.

Backzeit: 25 bis 30 Min. bei 180 °C (160 °C)

Aus Puderzucker, Zitronensaft und eventuell etwas heißem Wasser einen Guss zubereiten und auf dem abgekühlten Kuchen verteilen.

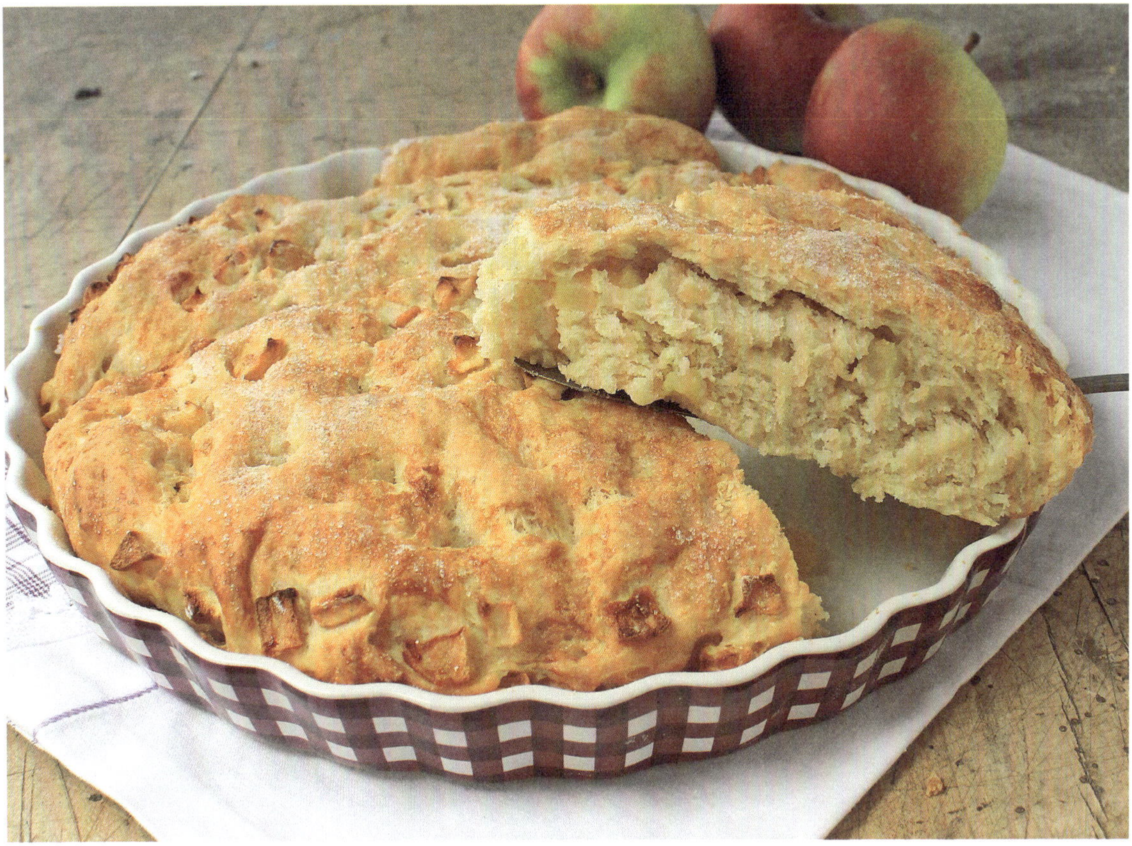

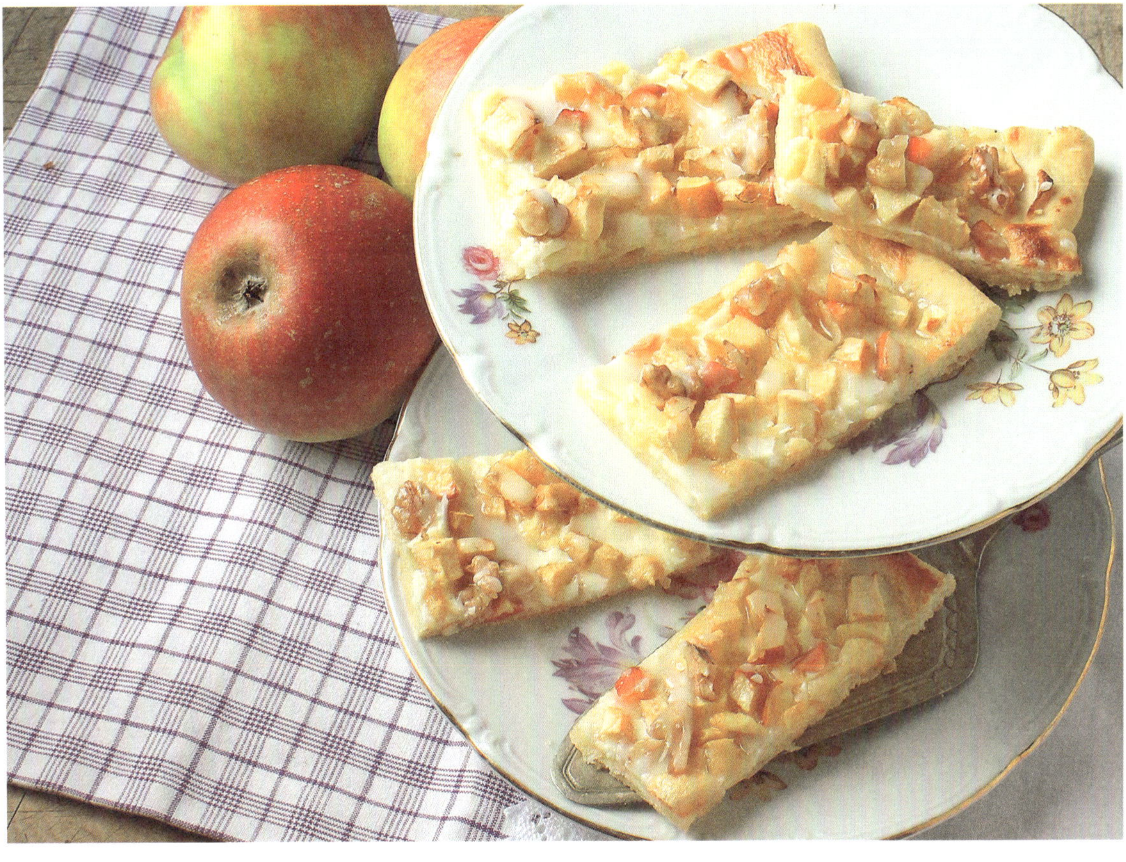

APRIKOSEN-
Topfenstrudel

STRUDELTEIG

250 g Mehl

1 Prise Salz

1 Prise Zucker

1 Ei

2 EL neutrales Öl

1 EL Essig

◇◇◇◇◇◇◇◇◇◇◇◇◇◇◇◇◇◇◇◇◇◇◇

FÜLLUNG

500 g Topfen (20 %)

150 g Zucker

2 Eier

2 Pck. Vanillepuddingpulver

1 Dose Aprikosen (à 480 g)

◇◇◇◇◇◇◇◇◇◇◇◇◇◇◇◇◇◇◇◇◇◇◇

ZUM BESTREICHEN

50 g geschmolzene Butter

Aus den Teigzutaten und 125 ml Wasser einen Strudelteig herstellen. Teig zur Kugel formen und unter einer mit heißem Wasser ausgespülten Schüssel 20 Min. ruhen lassen.

Für die Füllung den Topfen mit Zucker, Eiern und Puddingpulver verrühren. Die Aprikosen abtropfen lassen und klein schneiden.

Den Teig in zwei bis drei Portionen teilen, flach drücken und ausrollen. Mit den Händen weiter ganz dünn ausziehen.

Die Füllung auf den ausgezogenen Strudelteigen verstreichen. Die Aprikosen darüber verteilen und die Strudel aufrollen. Auf ein mit Backpapier ausgelegtes Backblech legen, mit einem Teil der geschmolzenen Butter bestreichen und backen.

Backzeit: ca. 30 bis 40 Min. bei 180 °C (160 °C)

Während des Backens immer wieder mit der Butter bestreichen.

Tipp: Essig macht den Strudelteig elastischer.

Der Strudel ~ eine klassische Mehlspeise! Das älteste überlieferte Rezept stammt übrigens aus dem Jahr 1696. Es befindet sich heute in der Wiener Stadtbibliothek.

TOPFENSOUFFLÉ
mit Aprikosen

Den Topfen mit Zucker, Ei und Puddingpulver verrühren.
Die Aprikosen abtropfen lassen und klein schneiden.

Die Topfenmasse in gefettete, ofenfeste Förmchen füllen.
Mit den Aprikosen belegen und backen.

Backzeit: ca. 25 bis 30 Min. bei 180 °C (160 °C)

Sofort mit Puderzucker bestäuben und servieren.

ZUTATEN

250 g Topfen (20 %)

75 g Zucker

1 Ei

1 Pck. Vanillepuddingpulver

1 kleine Dose Aprikosen (à 240 g)

◇◇◇◇◇◇◇◇◇◇◇◇◇◇◇◇◇◇◇◇◇◇◇◇◇

ZUM ANRICHTEN

Puderzucker

BAYERISCH CREME
mit Punschkirschen

ZUTATEN

3 Blatt Gelatine

1 Vanilleschote

400 g Sahne

4 Eigelb

80 g Zucker

◇◇◇◇◇◇◇◇◇◇◇◇◇◇◇◇◇◇◇◇◇◇◇◇

PUNSCHKIRSCHEN

½ Glas Kirschen (à 350 g)

100 ml Rotwein

1 EL Speisestärke

1 Prise Zimt

1 Prise gemahlene Nelken

Die Gelatine *10 Min.* in kaltem Wasser einweichen. Die Vanilleschote längs halbieren und das Mark herauskratzen.

Die Sahne steif schlagen und 2 EL für die Garnitur kühl stellen. Das Eigelb mit dem Zucker und dem Vanillemark schaumig schlagen, bis eine dicke Creme entstanden ist.

Die Gelatine ausdrücken und nach Packungsanleitung auflösen. Etwas von der steif geschlagenen Sahne mit der Gelatine verrühren. Unter die restliche Sahne rühren und diese unter die Eigelbmasse ziehen.

Die Creme in kleine Gläser füllen und *mindestens 2 Std.* kühl stellen.

Die Kirschen abtropfen lassen, dabei den Saft auffangen. 100 ml Kirschsaft mit dem Rotwein mischen. 2 EL entnehmen und mit der Speisestärke glatt rühren. Zimt und Nelken zur restlichen Flüssigkeit geben und erhitzen. Glatt gerührte Speisestärke dazugeben und einmal aufkochen. Die Kirschen unterheben und abkühlen lassen.

Die Kirschen auf der Creme verteilen. Mit Sahnetupfen und eventuell Kirschen garnieren.

Tipp: Für dieses Dessert immer ganz frische Eier verwenden! Das übrige Eiweiß lässt sich gut einfrieren.

ERDBEERPACKERL

Für die Pfannkuchen die Zutaten miteinander verrühren und in heißem Butterschmalz acht kleine, dünne Pfannkuchen ausbacken. Auskühlen lassen.

Für die Füllung die Sahne steif schlagen. Den Topfen eventuell abtropfen lassen und mit dem Puderzucker glatt rühren. Die Sahne unterheben.

Die Erdbeeren waschen, putzen und klein schneiden. Unter die Creme ziehen.

Auf jeden Pfannkuchen in die Mitte etwas Creme geben. Die Pfannkuchenränder jeweils über der Creme zusammenziehen und mit Küchengarn zu Päckchen verschnüren.

Mit Puderzucker bestäubt servieren.

Tipp: Die Pfannkuchen mit der Creme bestreichen. Fest aufrollen und, in Stücke geschnitten, in Erdbeersoße anrichten.

PFANNKUCHEN

250 g Mehl

2–3 Eier

350 ml Milch

Salz

Butterschmalz zum Ausbacken

FÜLLUNG

100 g Sahne

200 g Topfen (20 %)

4 EL Puderzucker

100 g Erdbeeren

ERDBEER-
Mascarponecreme

Die Erdbeeren waschen, putzen und klein schneiden. Mit Zucker und Orangenlikör mischen und *1 Std.* ziehen lassen.

Die Sahne steif schlagen. Die restlichen Zutaten für die Creme miteinander verrühren. Die Sahne unterheben.

Die Erdbeere waschen, putzen und in kleine Stücke schneiden.

Marinierte Erdbeeren und Creme abwechselnd in Gläser füllen. Mit Erdbeerstückchen und Zitronenmelisse garnieren.

Tipp:
Schmeckt auch mit frischen Aprikosen oder Zwetschgen.

ZUTATEN

250 g Erdbeeren

1 EL Zucker

1 EL Orangenlikör

CREME

200 g Sahne

250 g Mascarpone

2 EL Zucker

1 EL Zitronensaft

ZUM ANRICHTEN

1 Erdbeere

Zitronenmelisse

Fränkische PFANNKUCHEN

PFANNKUCHEN

130 g Mehl

1–2 Eier

ca. 180 ml Milch

Salz

*Butterschmalz
zum Ausbacken*

〰〰〰〰〰〰〰〰〰〰

FÜLLUNG

200 g Sahne

100 g Zwetschgenmus

ein paar Zwetschgen

〰〰〰〰〰〰〰〰〰〰

ZUM ANRICHTEN

Puderzucker

Für die Pfannkuchen die Zutaten gut miteinander verrühren und in heißem Butterschmalz vier Pfannkuchen ausbacken. Auskühlen lassen.

Für die Füllung die Sahne sehr steif schlagen. Das Zwetschgenmus unterrühren. Die Zwetschgen waschen, entsteinen und klein schneiden.

Die Pfannkuchen zweimal zusammenklappen, so dass Kreisviertel entstehen. Die Füllung mit einem Spritzbeutel mit Sterntülle in die Taschen spritzen. Zwetschgenstücke in die Füllung setzen und mit Puderzucker bestäubt servieren.

Tipp: Die Pfannkuchen abwechselnd mit Sahne und Zwetschgenmus füllen.

 G'schichtetes mit WEINTRAUBEN

Für 6–8 Personen

〰〰〰〰〰〰〰〰〰〰

ZUTATEN

750 ml Milch

2 Pck. Vanillepuddingpulver

4 EL Zucker

500 g Topfen (20%)

80 g Zucker

300 g Weintrauben

1 Biskuitboden (rund)

〰〰〰〰〰〰〰〰〰〰

ZUM ANRICHTEN

2 EL gehackte Haselnüsse

Aus Milch, Puddingpulver und Zucker nach Anleitung einen Pudding zubereiten und abkühlen lassen.

Topfen und Zucker glatt rühren und den Pudding dazugeben.

Die Weintrauben waschen, halbieren und die Kerne entfernen. Den Biskuitboden klein schneiden. Die Haselnüsse ohne Fettbeigabe hellbraun rösten.

Die Hälfte der Biskuitstücke in einer Auflaufform verteilen. Mit der Hälfte der Creme bedecken und die Trauben daraufsetzen. Den restlichen Biskuit und die restliche Creme darübergeben und mit den Haselnüssen bestreuen. *30 Min.* kühl stellen.

Tipp:
Wer keinen Biskuit hat, kann auch Butterkekse verwenden.

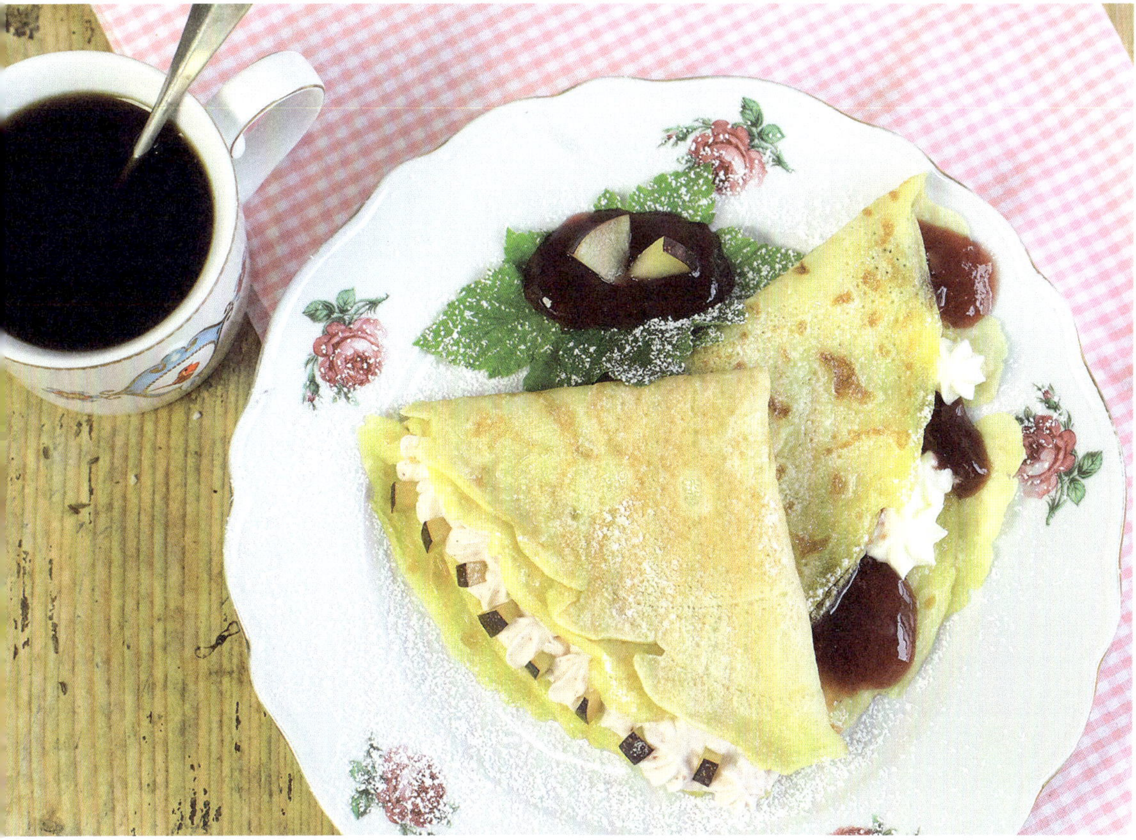

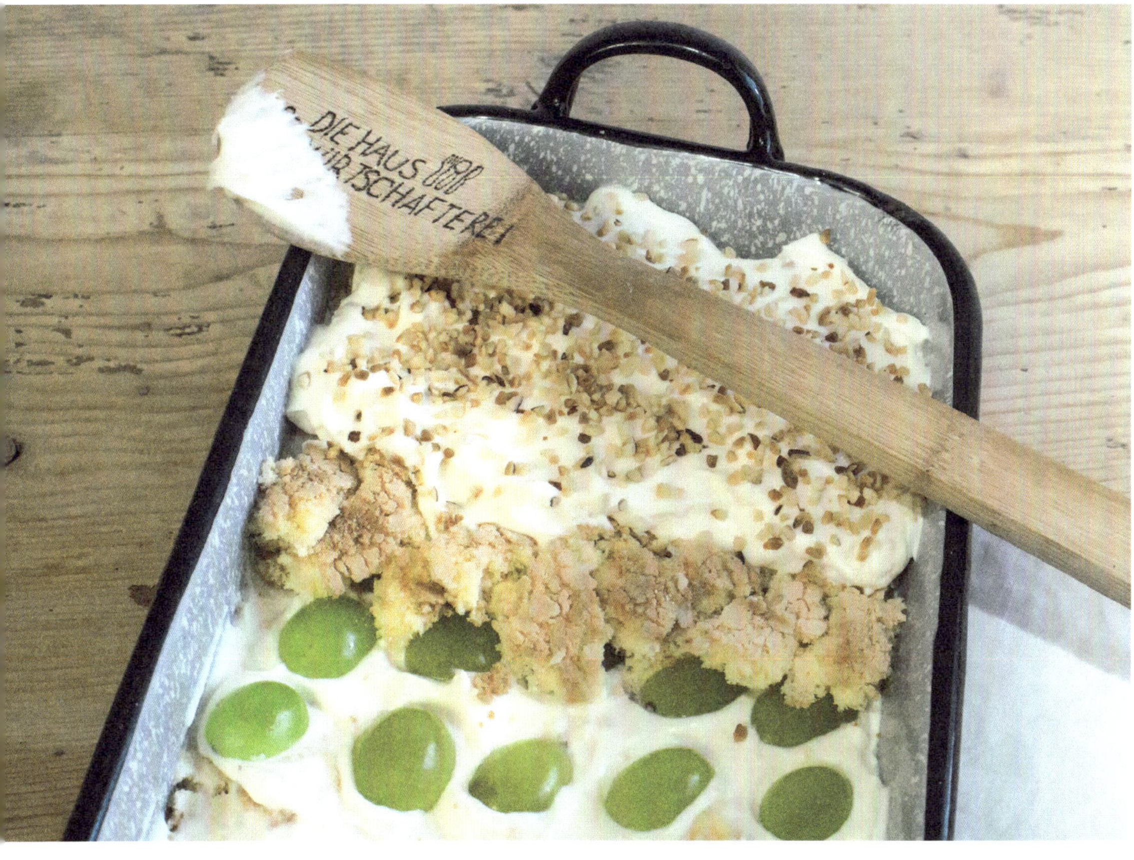
DIE HAUS
WIRTSCHAFTEREI

Holunderblüten-
KAISERSCHMARRN

ZUTATEN

10 Holunderblütendolden

250 ml Milch

5 Eier

250 g Mehl

1 Prise Salz

50 g Zucker

Butterschmalz
zum Ausbacken

◇◇◇◇◇◇◇◇◇◇◇◇◇◇◇◇◇◇◇◇◇◇◇◇◇◇

ZUM ANRICHTEN

100 g Erdbeeren

Puderzucker

Die Blütendolden vorsichtig ausschütteln. Die Hälfte davon in die Milch setzen und *mindestens 1 Std.* ziehen lassen. Von der anderen Hälfte die kleinen Blüten abzupfen.

Die Eier trennen und das Eiweiß steif schlagen. Die Blütendolden aus der Milch entfernen.

Mehl, Salz, Zucker und Milch mit dem Eigelb verrühren. Das Eiweiß und die abgezupften Blüten unterheben.

Etwas Butterschmalz in einer Pfanne erhitzen und die Hälfte des Teiges darin auf beiden Seiten goldbraun ausbacken. Mit zwei Gabeln in Stücke reißen und warm stellen. Mit der restlichen Masse den zweiten Schmarrn zubereiten.

Die Erdbeeren waschen, putzen und pürieren.

Den Kaiserschmarrn mit Puderzucker bestäuben und mit der Erdbeersoße servieren.

Tipp: Frische Holunderblüten als Garnitur über den Kaiserschmarrn streuen.

JOGHURTMOUSSE

FÜR 8 PERSONEN

ZUTATEN

8 Blatt Gelatine

400 g Sahne

300 g Naturjoghurt

400 g Schmand

100 g Puderzucker

6 EL Zitronensaft

ZUM ANRICHTEN

Himbeeren

Rosenblütenblätter

Zitronenmelisse

Rosenzucker (siehe Tipp)

Die Gelatine *10 Min.* in kaltem Wasser einweichen. Die Sahne steif schlagen.

Joghurt, Schmand, Puderzucker und Zitronensaft gut miteinander verrühren.

Die Gelatine ausdrücken und nach Packungsanleitung auflösen. 3 EL der Joghurtmasse mit der Gelatine verrühren. Diese Mischung dann unter die Joghurtmasse rühren. Die Sahne unterheben.

Die Creme in eine Schüssel füllen und, am besten *über Nacht,* kühl stellen.

Die Schüssel kurz in heißes Wasser stellen, um die Mousse zu lösen. Dann auf eine Platte stürzen.

Mit Himbeeren, Rosenblütenblättern und Zitronenmelisse anrichten. Mit Rosenzucker bestreuen.

Tipp: Wir stellen unseren Rosenzucker selbst her. Er kann über *www.diehauswirtschafterei.de* bestellt werden. Ersatzweise kann man auch Vanillezucker verwenden.

SCHMIERKUCHEN
mit Mohn

Für den Hefeteig die Milch mit der Butter leicht erwärmen und die Hefe darin auflösen. Die restlichen Zutaten für den Hefeteig in einer Schüssel mischen. Die Hefemilch mit den Knethaken des Handrührgerätes gut unterkneten. Zugedeckt an einem warmen Ort 45 Min. gehen lassen.

Die Milch mit Zucker und Vanillezucker aufkochen. Den Mohn unter ständigem Rühren zufügen und bei schwacher Hitze kurz ziehen lassen. Die Speisestärke mit etwas kaltem Wasser glatt rühren. Zur Mohnmasse geben und unter ständigem Rühren noch einmal aufkochen. Abkühlen lassen.

Für die Streusel die Butter schmelzen und leicht abkühlen lassen. Mehl und Zucker mischen und die Butter mit den Knethaken des Handrührgerätes unterrühren. Kühl stellen.

Den Hefeteig nochmals durchkneten und auf einem mit Backpapier ausgelegten Backblech ausrollen. Die Mohnmasse darauf verstreichen. Die Streusel darüber verteilen und backen.

Backzeit: ca. 30 Min. bei 190 °C (170 °C)

Tipp: Aus 150 g Puderzucker und 3 EL Zitronensaft einen Guss zubereiten und und über den abgekühlten Kuchen verteilen.

Vom Oberpfälzer Schmierkuchen gibt es zahlreiche Variationen, besonders beliebt sind auch eine Grieß-, Topfen- oder Butterschmiere.

HEFETEIG

125 ml Milch

40 g Butter

20 g Hefe

250 g Mehl

50 g Zucker

1 Ei

BELAG

250 ml Milch

150 g Zucker

2 EL Vanillezucker

150 g gemahlener Mohn

2 TL Speisestärke

STREUSEL

40 g Butter

80 g Mehl

40 g Zucker

SCHNEIDERSFLECK
mit Grütze

HEFETEIG

250 ml Milch

80 g Butter

20 g Hefe

500 g Mehl

80 g Zucker

2 Eier

ZUM BESTREICHEN

100 g Butter

GRÜTZE

150 ml Traubensaft

2 EL Speisestärke

400 g gemischte Beeren

ZUM ANRICHTEN

Puderzucker

Für den Hefeteig die Milch mit der Butter leicht erwärmen und die Hefe darin auflösen. Die restlichen Zutaten für den Hefeteig in einer Schüssel mischen. Die Hefemilch mit den Knethaken des Handrührgerätes gut unterkneten. Zugedeckt an einem warmen Ort *45 Min.* gehen lassen.

Den Teig nochmals durchkneten und 1 cm dick ausrollen. In ca. 6 x 12 cm große Rechtecke schneiden. Die Butter schmelzen und die Teigstücke damit bestreichen. Diese in einer gefetteten Auflaufform aufrecht aneinanderstellen. Immer wieder mit der Butter bestreichen. Nochmals *15 Min.* gehen lassen. Anschließend goldbraun backen.

Backzeit: ca. 40 bis 45 Min. bei 180 °C (160 °C)

In der Zwischenzeit den Traubensaft aufkochen, die Speisestärke mit etwas kaltem Wasser glatt rühren und in den kochenden Saft einrühren. Die Beeren dazugeben, kurz aufkochen lassen.

Die Schneidersfleck mit dem Puderzucker bestäuben und mit der Grütze servieren.

Schneidersfleck gab es früher in Franken zum Frühstück, wenn es mittags Schlachtschüssel gab.

Weißbier-TIRAMISU

ZUTATEN

½ dunkler Biskuitboden

4 EL Weißbier

250 g Erdbeeren

≈≈≈≈≈≈≈≈≈≈≈≈≈≈≈≈≈≈≈≈≈≈≈

CREME

250 g Mascarpone

250 g Topfen (20 %)

80 g Zucker

1 EL Vanillezucker

1 EL Zitronensaft

3 EL Weißbier

Den Biskuitboden in Stücke schneiden und mit dem Weißbier tränken. Die Erdbeeren waschen, putzen und klein schneiden.

Für die Creme die Zutaten miteinander verrühren.

Die Biskuitstücke abwechselnd mit den Erdbeeren und der Creme in Gläser oder eine Form schichten.

Schmeckt auch mit Schokoplatzerl.

Zwetschgen-Nuss-STREUSEL

STREUSEL

150 g Butter

150 g Mehl

100 g Zucker

60 g gemahlene Walnüsse

½ TL Zimt

≈≈≈≈≈≈≈≈≈≈≈≈≈≈≈≈≈≈≈≈≈≈≈

FÜLLUNG

300 g Zwetschgen

1 EL Vanillezucker

Für die Streusel die Butter schmelzen und leicht abkühlen lassen. Die restlichen Streuselzutaten mischen und die Butter mit den Knethaken des Handrührgerätes unterrühren. Streuselteig kühl stellen.

Die Zwetschgen waschen, halbieren und entsteinen. In eine gefettete Tarteform verteilen. Den Vanillezucker darüberstreuen. Die Streusel darübergeben und goldbraun backen.

Backzeit: 25 bis 30 Min. bei 190 °C (170 °C)

Tipp: Mit einem Klecks Sahne servieren.

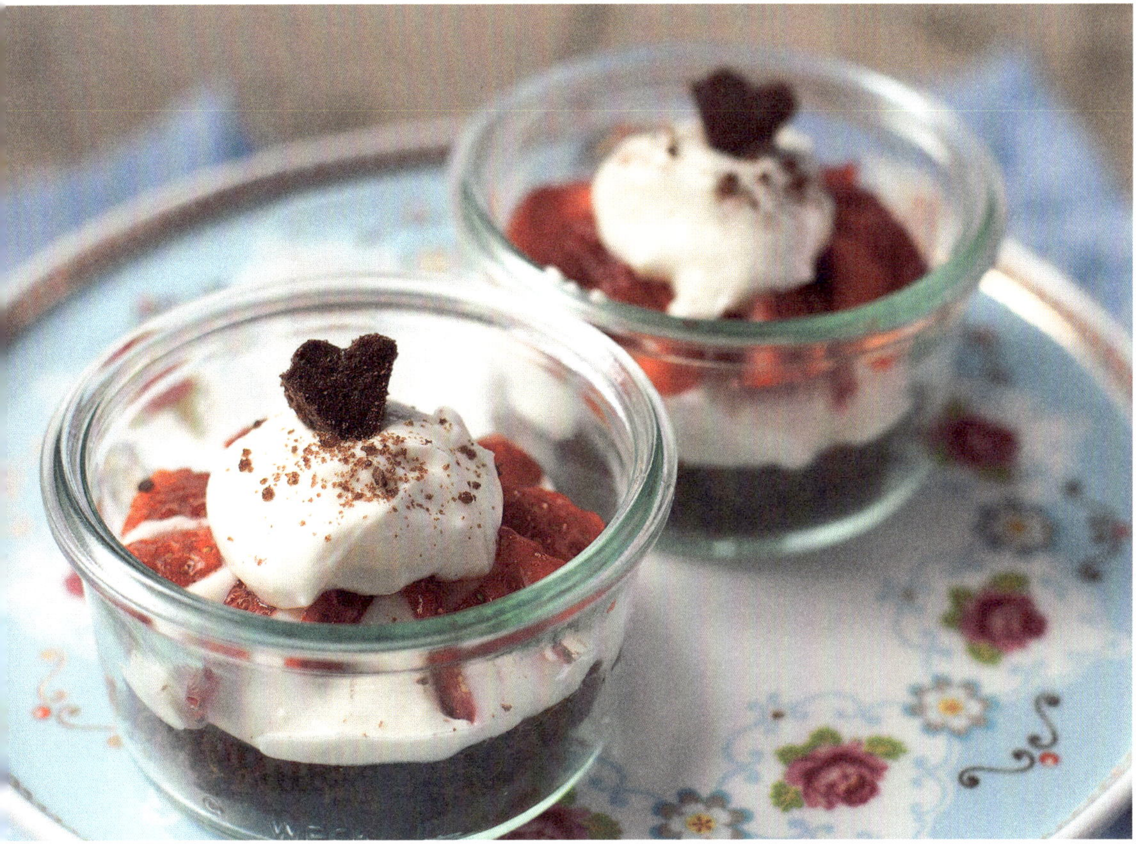

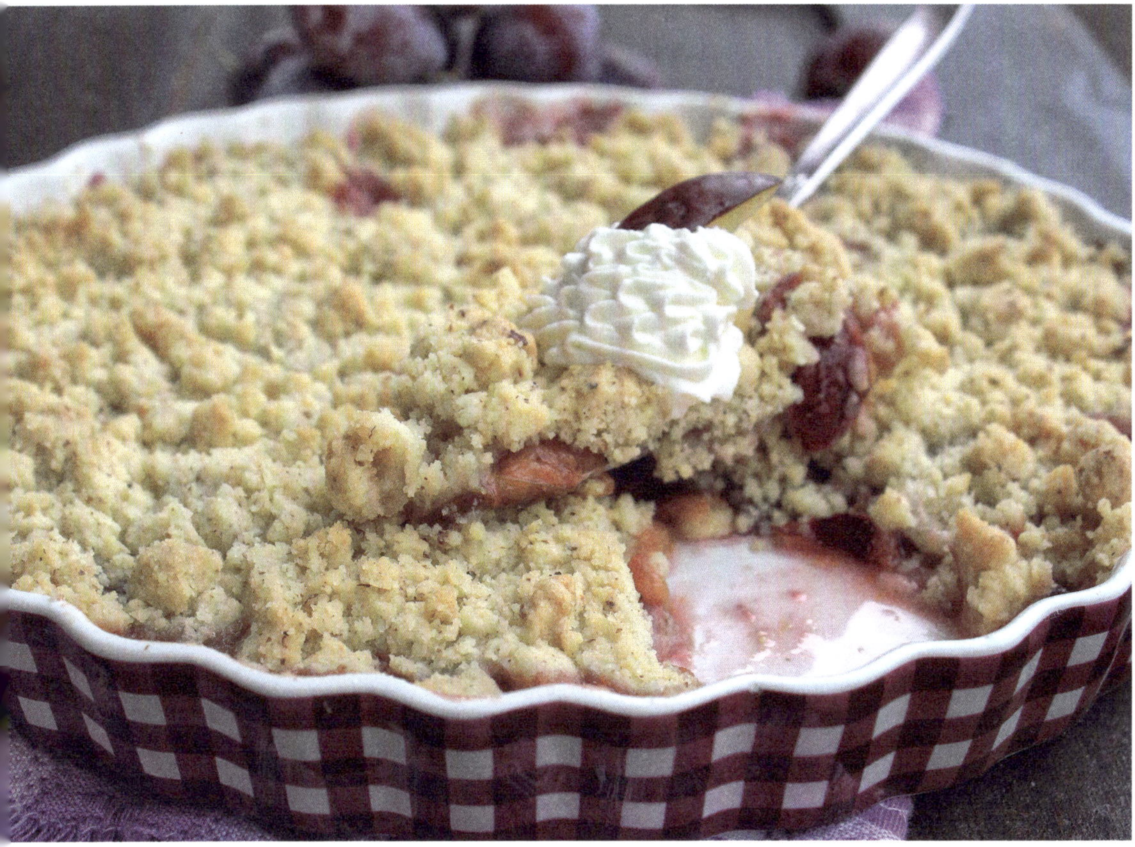

MITBRINGSL

~ einfach so ~

Blätterteigstangerl

ZUTATEN

2 Rollen Blätterteig
(Kühlregal)

1 Ei

6–8 Scheiben Edamer

6–8 Scheiben gekochter
Schinken

Einen Blätterteig ausrollen und auf ein mit Backpapier ausgelegtes Backblech legen.

Das Ei trennen und den Blätterteig mit etwas Eiweiß bestreichen. Zuerst mit den Käsescheiben und dann mit dem Schinken belegen.

Die zweite Blätterteigplatte ausrollen und mit Eiweiß bestreichen. Mit der bestrichenen Seite auf den Schinken legen und festdrücken. Mit dem Eigelb bestreichen.

In schmale Streifen schneiden, diese jedoch nicht auseinander ziehen, sondern eng nebeneinander liegen lassen. Mit einer Gabel mehrmals einstechen und backen.

Backzeit: ca. 25 Min. bei 200 °C (180 °C)

Die Streifen nochmals nachschneiden und servieren.

Tipp: Für Schnecken die zweite Teigplatte weglassen und den belegten Blätterteig aufrollen. In 1,5 cm dicke Scheiben schneiden, mit dem Eigelb bestreichen und backen.

Brezn-Muffins

HEFETEIG

150 ml Milch

20 g Butter

20 g Hefe

250 g Mehl

½ TL Salz

½ TL Zucker

◇◇◇◇◇◇◇◇◇◇◇◇◇◇◇◇◇◇◇◇◇◇◇◇◇◇◇

ZUM TAUCHEN

5 EL Natron

◇◇◇◇◇◇◇◇◇◇◇◇◇◇◇◇◇◇◇◇◇◇◇◇◇◇◇

ZUM BESTREUEN

2–3 EL grobes Salz

Für den Hefeteig die Milch mit der Butter leicht erwärmen und die Hefe darin auflösen. Die restlichen Zutaten für den Hefeteig in einer Schüssel mischen. Die Hefemilch mit den Knethaken des Handrührgerätes gut unterkneten. Zugedeckt an einem warmen Ort 45 Min. gehen lassen.

Den Teig nochmals durchkneten und 12 Kugeln formen. Zugedeckt kurz gehen lassen.

In der Zwischenzeit 2 l Wasser aufkochen und das Natron langsam einrieseln lassen. Jeweils 2 bis 3 Teigkugeln gleichzeitig in die leicht siedende Lauge geben und *ca. 30 Sek.* ziehen lassen. Mit einem Schaumlöffel entnehmen. Abtropfen lassen und in die Mulden einer gefetteten, ausgebröselten Muffin-Form geben.

Mit einem scharfen Messer kreuzweise einschneiden. Mit dem Salz bestreuen und backen.

Backzeit: 20 bis 25 Min. bei 220 °C (200 °C)

Tipp: Natron findet man in jedem gut sortierten Supermarkt bei den Backwaren.

Fischpflanzerl

ZUTATEN

2–3 Frühlingszwiebeln

1 EL Rapsöl

*500 g Fischfilet
(Saibling oder Forelle)*

1 Ei

Salz, Pfeffer

1 EL Kräuter

2 EL Semmelbrösel

Rapsöl zum Braten

Die Frühlingszwiebeln putzen, waschen und in feine Ringe schneiden. Im heißen Öl 5 Min. dünsten und abkühlen lassen.

Das Fischfilet grob zerkleinern und mit einem Stabmixer pürieren. Frühlingszwiebeln, Ei, Gewürze, Kräuter und Semmelbrösel unterheben. Bei Bedarf noch Semmelbrösel zufügen.

Aus der Masse mit befeuchteten Händen kleine Pflanzerl formen und in heißem Öl von beiden Seiten goldbraun braten. Die Fischpflanzerl warm oder kalt genießen.

Dazu passt ein feiner

Kartoffel-Schichtsalat

ZUTATEN

*400 g festkochende
Kartoffeln*

8 Radieserl

6–8 Essiggurken

3 Frühlingszwiebeln

◇◇◇◇◇◇◇◇◇◇◇◇◇◇◇◇◇◇◇◇◇

DRESSING

150 ml Gemüsebrühe

3 EL Weißweinessig

2 EL Rapsöl

1 TL Kräutersenf

Salz, Pfeffer

Die Kartoffeln in der Schale weich kochen. Etwas abkühlen lassen, schälen und in kleine Würfel schneiden.

Die Zutaten für das Dressing verrühren und einmal aufkochen. Die Kartoffelwürfel in das Dressing geben und darin ziehen lassen.

Die Radieserl waschen, putzen und, ebenso wie die Essiggurken, klein schneiden. Die Frühlingszwiebeln putzen, waschen und in feine Ringe schneiden.

Die Kartoffeln etwas abtropfen lassen und mit den Radieserln und Essiggurken in kleine Gläser schichten. Etwas Dressing darüberträufeln und mit den Frühlingszwiebeln garnieren.

Salattorte mit Weißkraut

ZUTATEN

*1 kleiner Spitzkohl-
oder Weißkrautkopf*

3–5 Tomaten

½ Salatgurke

1–2 Gelbe Rüben

◇◇◇◇◇◇◇◇◇◇◇◇◇◇◇◇◇◇◇◇◇◇◇

DRESSING

400 g Schmand

2 EL geriebener Bergkäse

Salz, Pfeffer

1–2 EL Kräuter

Den Spitzkohl vierteln und den Strunk entfernen. In feine Streifen hobeln und 2 EL davon beiseitestellen. Das restliche Kraut mit ½ TL Salz zerdrücken und *30 Min.* ziehen lassen.

Die Tomaten waschen, halbieren und in Scheiben schneiden. Die Gurke waschen, vierteln und ebenfalls in Scheiben schneiden. Die Gelben Rüben schälen und grob raspeln.

Die Zutaten für das Dressing miteinander verrühren.

Das Kraut abtropfen lassen und mit 4 EL Dressing vermischen.

In eine tiefe Platte einen Springformrand (26 cm Ø) stellen. Das Gemüse abwechselnd in den Ring schichten. Dabei jede zweite Schicht mit Dressing bestreichen. Den Salat mit Folie bedecken, mit einem Topf beschweren und *2 Std.* kühl stellen.

Vor dem Servieren den Springformrand entfernen und das restliche Kraut darüberstreuen.

Nach Belieben garnieren.

Kleine Bienensticherl

BELAG

75 g Sahne

25 g Honig

50 g Mandelblättchen

1 TL Mehl

◇◇◇◇◇◇◇◇◇◇◇◇◇◇◇◇◇◇◇◇◇◇◇

TEIG

1 Ei

200 ml Milch

30 ml neutrales Öl

200 g Mehl

2 TL Backpulver

90 g Zucker

◇◇◇◇◇◇◇◇◇◇◇◇◇◇◇◇◇◇◇◇◇◇◇

FÜLLUNG

2 EL Vanillepuddingpulver

2 EL Zucker

150 ml Milch

100 g Schmand

gemischte Beeren

◇◇◇◇◇◇◇◇◇◇◇◇◇◇◇◇◇◇◇◇◇◇◇

ZUM ANRICHTEN

Puderzucker

Für den Belag Sahne und Honig unter Rühren zum Kochen bringen. Mandelblättchen und Mehl unterrühren und einmal aufkochen. Abkühlen lassen.

Für den Teig das Ei mit Milch und Öl schaumig rühren. Mehl, Backpulver und Zucker mischen und unterrühren.

Den Teig in eine gefettete oder mit Papierförmchen ausgelegte Muffin-Form füllen. Den Belag darauf verteilen und backen.

Backzeit: 25 Min. bei 180 °C (160 °C)

Ganz abkühlen lassen.

Puddingpulver, Zucker und Milch glatt rühren. Einmal aufkochen und den Pudding kalt werden lassen. Dabei hin und wieder umrühren, damit sich keine Haut bildet.

Den Schmand unter den Pudding rühren.

Von den Muffins jeweils einen Deckel abschneiden. Mit einem Spritzbeutel mit Sterntülle die Creme auf die Muffin-Böden verteilen. Ein paar Beeren in die Creme drücken und die Deckel wieder daraufsetzen. Mit Puderzucker bestäuben.

Register ⦚⦚

Register 🍴

Alle Rezepte sind – soweit nicht anders angegeben – für 4 Personen.
Die Temperaturangabe in Klammern steht für Heißluft.
Die Mengenangabe bei verwendeter Dosenware bezieht sich auf das Abtropfgewicht.

EL   = Esslöffel
TL   = Teelöffel
ml   = Milliliter
l   = Liter
g   = Gramm
kg   = Kilogramm
Pck. = Päckchen
Ø   = Durchmesser

Christine, Bettina und Silvia von der Hauswirtschaferei.

Noch mehr Rezepte gibt's unter
www.diehauswirtschafterei. de
und in den sozialen Netzwerken:

LUST AUF MEHR BÜCHER?

Bayerisch Veggie – Köstliches mal ohne Fleisch
            ISBN 978-3-9817582-2-1
Bayerisch Superfood – gesund geniessen
            ISBN 978-3-9817582-3-8

IMPRESSUM

Rezepte, Fotos, Redaktion & Layout:
Die Hauswirtschaferei Leben auf dem Land GmbH
86971 Peiting, Ramsau 6

© 2017 Die Hauswirtschaferei
3. Auflage
Alle Rechte vorbehalten, auch auszugsweise.

www.diehauswirtschafterei.de

ISBN 978-3-9817582-0-7